Hartmut von Hentig **Rousseau**
oder Die wohlgeordnete Freiheit

Hartmut von Hentig **Rousseau**
oder Die wohlgeordnete Freiheit

Verlag C. H. Beck

Mit 2 Abbildungen

© Verlag C.H.Beck oHG, München 2003
Satz im Verlag aus der Centennial Antiqua
Druck und Bindung: fgb • freiburger graphische betriebe
Gedruckt auf säurefreiem, alterungsbeständigem Papier
(hergestellt aus chlorfrei gebleichtem Zellstoff)
Printed in Germany
ISBN 3 406 50469 8

www.beck.de

Für meine Nachfolger
Klaus-Jürgen Tillmann
und Ludwig Huber
diese Huldigung
an einen Vorgänger

Vorwort 9

I. Das Leben und die Person 19

II. Das Werk 31

Die beiden Preisschriften:
Rousseaus Menschenlehre 32

Der Gesellschaftsvertrag:
Rousseaus Staatslehre 38

Der Emile:
Rousseaus Erziehungslehre 42

Die Rechtfertigungsschriften:
Rousseaus Wahrhaftigkeit 83

III. Die Wirkungen 97

Nachwort 105
Anmerkungen 113
Literaturverzeichnis 117

*Meine Freiheit kann mir niemals
gleichgültig sein; ich darf nicht zulassen,
daß man sie mißbraucht.
Die Schuld an allem Bösen,
zu dem man mich anhalten wird,
fällt auf mich zurück.*

Rousseau, *Über den Ursprung
der Ungleichheit unter den Menschen*

Vorwort

Warum Rousseau lesen? Weil er radikal denkt, und weil er die Gabe hat, seinen Leser daran zu beteiligen.

Wer radikal denkt, denkt auch über wichtige Gegenstände – die anderen hat er schnell erledigt und beiseite geschoben. Die Gegenstände des Jean-Jacques Rousseau sind: der Mensch und sein Glück, die Gesellschaft und ihre bekömmliche Ordnung, die Mittel, sich beider zu versichern, der in der Natur waltende intelligente Wille und die Möglichkeiten und Grenzen unseres Verstandes, diesen zu erkennen. Die genannten Gegenstände sind auch bei anderen Denkern zu finden. Rousseau jedoch verbindet sie miteinander, und er verfährt auf eine besondere Weise mit ihnen. Man kann sich ihnen in philosophischer Absicht zuwenden oder in praktischer, aus Neugier oder um besser handeln zu können. Von alters her gilt der philosophische Denker als lebensuntüchtig. Weil Thales, so erzählte man, immer in den Himmel schaute, sei er in einen Brunnen gefallen, aus dem ihn dann eine Magd gerettet habe. Und wenn Theorie und Sachverhalt nicht übereinstimmen, neigen die «Philosophen» zu Hegels Meinung: Um so schlimmer für die Tatsachen.

Natürlich denken auch die «Praktiker». Sie wollen ja das Leben verbessern: Gefahren abwehren, unnütze Mühen und Leiden vermeiden, Mißerfolgen vorbeugen, und die in diesen Sätzen enthaltenen Vorhaben fordern Vergleich, Begründung, Bewertung, Urteil. Aber sie fühlen sich nicht genötigt, über die vorfindlichen Umstände, die vorfindlichen Menschen, die vorfindliche Gesellschaft, die vorfindlichen Vorstellungen vom «Sinn des Ganzen» hinauszugehen. Ihr Ziel ist Stärkung, Sicherung, Vereinfachung – nicht Entmachtung, Verunsicherung, Differenzierung um der Differenzierung willen.

Beide, die Philosophen und die Praktiker, haben das Bedürfnis, sich gegen die Anfechtungen durch den jeweils anderen abzuschirmen. Die Denker, die die schmuddeligen Befunde aushalten, sind selten, noch seltener als die Praktiker, die sich den reinen Begriffen stellen.

Rousseau war solch ein Denker, und das macht seine Radikalität, die Gründlichkeit und die Weite seines Denkens aus. Wenn – wie zu erwarten – geschulte Philosophen diese Behauptung bezweifeln und die Praktiker sie sogar verlachen, geben sie nur an, worin er sie übertrifft: Sie sind zufrieden, wenn ihr Denken und Handeln je in sich stimmig ist; sie sind die Gefangenen ihrer «Professionalität» – ihrer Zugehörigkeit zu einem bestimmten Handlungsfeld oder zu den frei schwebenden Geistern, die für nichts als die Denkbarkeit ihrer Sätze verantwortlich sein wollen.

Rousseau ist das nicht genug. Sein Denken geht von der Erfahrung einer verlorenen Kindheit aus, genauer: einer um die Kindheit des Kindes unbekümmerten Erziehung; er erinnert sich des Glücks und der Erniedrigungen, die ihm gleichermaßen unbedacht zuteil geworden sind; er erkennt in der Folge die Verdorbenheit der Gesellschaft, genauer: ihre Selbsttäuschung durch Reichtum und Geltung, Fortschritt und Gelehrsamkeit; er erleidet entweder den kalten Zynismus oder die erdrückende Frömmigkeit derer, die über das «Regiment der Welt» urteilen. Er denkt also aus konkretem Anlaß, aber er erhebt sich nicht über ihn, sondern geht ihm auf den Grund. Und er begnügt sich nicht damit, das Falsche zu «verbessern», sondern macht sich daran, die Ursachen der Falschheit – von Mensch, Gesellschaft, Religion – bloßzulegen und zu beheben. Man muß das Richtige an ihre Stelle setzen, und dieses muß man zuerst denken: frei, mutig, ohne Rückhalt im Gegebenen, Gewohnten, Geglaubten.

Ein hierzu geeignetes Mittel ist das Gedankenexperiment oder – weil es sich zwar im Kopf, aber nicht nur in Argumenten vollzieht – das Vorstellungsexperiment: «Was geschähe, wenn ...?» Und: «Wovon will ich ausgehen?» Und: «Was ist entbehrlich, wird aus purer Eitelkeit oder purer Faulheit des Denkens mitgeschleppt?» – Das sind die heilsamen Leitfragen dieses widerständigen, also «unpraktischen» Lehrmeisters.

Die einflußreichsten Kritiken, die wirksamsten Umdeutungen und Umwertungen der zeitgenössischen Gesellschaft (die von Defoe, Swift, Marivaux, Mandeville, Voltaire, Lamettrie) sind wie die Rousseaus durchgespielte Alternativen zur gelebten Wirklichkeit. Gemein ist ihnen, daß sie nicht sagen: «So sollt ihr es machen!», sondern: «Wie ihr es macht, ist es lächerlich und schadet.» Sie fordern mit ihren Utopien, Satiren, Fabeln, vorgehaltenen Spiegeln vor allem: «Erkennt euch und denkt um!»

Rousseau, ein menschenfreundlicher Aufklärer, nimmt seine Zeitgenossen in diesem Umdenken bei der Hand. Wer in Rousseaus Werk etwas anderes sucht – Rezepte für pädagogische Maßnahmen oder für politische Einrichtungen oder für die Läuterung des Glaubens –, der wird zwar Sätze finden, die man so benutzen kann, aber er wird schon deshalb bald damit scheitern, weil die Ansprüche extrem hoch sind und weil sie in unsere Verhältnisse noch weniger passen als in die seiner Zeit.

Heutige Pädagogen streiten über Fragen wie: «Wie früh soll der Computer im Unterricht verwendet werden?» Und: «Soll es einen Kanon von Unterrichtsgegenständen geben oder einen Satz von Schlüsselqualifikationen?» Heutige Politiker streiten über Fragen wie: «Ist die Erhöhung der Staatsschulden weniger schädlich als die Verschiebung einer versprochenen Steuerentlastung?» Und: «Wieviel Volkswille ist für welche Art von Entscheidungen zulässig?» Heutige Glaubensgemeinschaften, Theologen, Werte-Theoretiker, «Sinnproduzenten» streiten über Fragen wie: «Wie tief geht eine Ethik ohne Glauben?» Und: «Wie ist Glauben zu ‹vermitteln›?» Bei Rousseau lernen wir, solche Streitfragen zurückzustellen und es zuerst mit dem in ihnen Vorausgesetzten aufzunehmen – mit dem Doppelwesen Mensch: Dieses ist «von Natur», und es lebt in der Gesellschaft. Er fragt: Braucht der kleine Mensch Erziehung oder vielmehr Hilfe? Welche Hilfen dienen ihm, das Leben in der gegebenen Gesellschaft unbeschädigt zu bestehen? Und: Welche Erfahrung muß er gemacht haben, um die richtige Gesellschaft zu wollen, so daß, wenn man diese hat, ein großer Teil der Hilfen entfallen könnte? Kann der sich selbst verwirklichende und darin glückliche Mensch ein guter Bürger sein? Welche Wandlung, welche Beschränkung, welche Opfer muß er sich dabei auferlegen? Welchen Eigenschaften und Bedürfnissen «des Menschen» wollen wir Aufmerksamkeit, Schutz, Erfüllung gewähren und welchen nicht? Ja: Wer oder was ist «der Mensch»? Wer entscheidet hierüber? Aufgrund welcher Maßgaben – unserer Natur oder unserer Vernunft oder unserer Geschichte oder des geoffenbarten Willens eines Gottes?

Wir vernachlässigen diese Fragen in der Regel, weil sie für die Lösung der praktischen Fragen, der Hier-und-jetzt-Probleme keine Bedeutung zu haben scheinen. Eben das aber bestreitet Rousseau, indem er uns buchstäblich «vor Augen» führt, wie eine einzige «Idee», nämlich die von der ursprünglichen Güte des Menschen, zu einer vollständigen Veränderung eines Systems führen kann, das auf dem Gegenteil aufbaut. Daß der Mensch ursprünglich «gut» sei, meint nicht, daß er «tugendhaft» sei, sondern von sich aus tauglich, sein Leben gut zu machen – hinreichend glücklich für ihn selbst und schadlos für die anderen. Wo das Trachten des menschlichen Herzens nicht als böse von Jugend an gilt, wo der Mensch also weder mit der Erbsünde belastet noch ein Raubtier ist, gibt es keinen Anlaß zur «Austreibung», sind Einsperrung und Abrichtung unnütz. Zu dieser Vorstellung passend wäre eine ganz andere Erziehung zu entwerfen und ein anderes Verständnis von der Gesellschaft einzunehmen. Die Vorstellung ist selber der Kern eines der Vernunft nicht widerstreitenden Glaubens. Sie weckt außerdem eine nie ganz verdrängte Erinnerung an die drei Eigenschaften, die Rousseau dem Menschen-vor-der-Zivilisation zuschreibt: Er war frei, das heißt den anderen nicht unterworfen; er war faul, das heißt nicht auf der Welt, um zu arbeiten; und er war ausgesetzt, das heißt nie sicher, immer von Gefahr umgeben. Hiermit hat Rousseau keine historische oder biogenetische Aussage gemacht, sondern den Leser zur Parteinahme für jene «Erinnerung» an den Urmenschen angestiftet; er hat ihn aufgefordert, seinen gegenwärtigen Zustand zu überdenken: Wir leben «in der Gesellschaft», sind schon darum nur begrenzt frei; wir *müssen* arbeiten; wir meinen, die Zivilisation schulde uns Sicherheit, dabei sind die Gefahren von einst nur anderen gewichen, größeren noch und selbstverschuldeten. Wollen wir dies? Muß es so sein? Wenn nicht: Was machen wir falsch? – So funktioniert das Vorstellungsexperiment und überlebt seine Zeit und deren Nöte.

Am Beispiel der Pädagogik, der von Rousseau am sorgfältigsten und konsequentesten ausgeführten Umdenkungs-Übung, läßt sich gut erkennen, warum uns die philosophische Gründlichkeit abhanden gekommen ist. Zunächst ist die Pädagogik eine vom einzelnen *nicht reflektierte Praxis*: Man erzieht und unterweist die Kinder, wie man selber erzogen und unterwiesen worden ist und wie es die anderen um einen herum auch tun; die in dieser Praxis enthaltenen Absichten, kulturellen Weisheiten, Herrschaftsmittel, Atavismen oder Verballhornungen sind dem einzelnen meist nicht bewußt; eines Lehrgebäudes genannt «Pädagogik» bedarf es in den frühen Stadien der Kulturen nicht. Veränderungen in den Lebensbedingungen und -formen nötigen zu Umstellungen und diese zu Begründungen, also zu einer *Theorie*; in ihr überprüft man die Praxis, ordnet sie und macht sie vor allem lehrbar, was nötig wird, wenn sie einen bestimmten Grad von Komplexität erreicht hat und wenn sie aufgrund der gesellschaftlichen Arbeitsteilung nicht mehr von allen, sondern von bestimmten Personengruppen ausgeführt wird. Diese Theorien sichern die Praxis, verfestigen sie aber auch – eben mit Hilfe von Lehrsätzen, Verallgemeinerungen, Begriffen und Begründungen. Diese können falsch sein oder falsch werden und entsprechen dann der Wirklichkeit nicht. Das wiederum stellt man durch *Wissenschaft* in ihren verschiedenen methodischen Ausprägungen fest: Die Erziehungswissenschaft überprüft die Erziehungstheorie und die Erziehungspraxis. Aus diesem Korrektor ist sehr bald ein Adjutor und Defensor geworden: Die ausgedehnte, in unzähligen Einrichtungen, Regeln, Gesetzen, Gewohnheiten festgelegte Praxis stabilisiert sich mit Hilfe der Wissenschaft und widersetzt sich grundlegenden Veränderungen. Sie schreit schon auf, wenn empirische Befunde, also die Korrekturmittel, feststellen, daß sie nicht tut, was sie zu tun behauptet. Daß sie möglicherweise etwas *ganz anderes* tun sollte, diesen Gedanken, den eine philosophische Reflexion nahelegen könnte, nimmt sie weder in die weiterzugebende Theorie (zum Beispiel in der Lehrerbildung) noch in ihre allmähliche evolutionäre Veränderung durch Generationenwechsel oder Verschleiß auf.

Das erklärt die Ohnmacht der «Klassiker» der Pädagogik. Sie finden sich in den Studien- und Prüfungsplänen für den pädagogischen Nachwuchs – eine beunruhigende, verändernde, gar aushebelnde Wirkung sollen sie nicht haben. Das historische Sprachgewand tut ein weiteres zur Musealisierung der großen Denker der Vergangenheit, die allein schon durch den Abstand ihrer Gedanken zu den unseren «anstößig» sein könnten, gleich ob sie nun in ihrer Zeit Bewahrer oder Erneuerer waren. Auch wenn Rousseau seinen *Emile* und seinen *Contrat Social* mit «Vorsicht, Dynamit!» beschriftet hätte, man würde die Sprengkraft hinter der Gardine von «Tugenden» und «Lastern», von «Liebkosungen» und «Züchtigungen», von «Wonnen des Gefühls» und «Ergießungen des Herzens» nicht erkennen. Wer die befremdende Ausdrucksweise Rousseaus in unsere heutige Sprache zu übersetzen versteht (was er ja auch für die Lektüre der *Emilia Galotti* oder des *Werther* können muß), dem kann widerfahren, was Rousseau seinen Lesern zugedacht hat: Er wird die Revolution der menschlichen Verhältnisse, die fundamentaler ist als die der politischen, mitdenken, mitfühlen, an sich selbst vollziehen. Ein lehrbares *abrégé*, einen Abriß von Rousseaus Pädagogik, sollte man schon deshalb nicht geben wollen, vollends nicht ohne seine «Erziehungslehre» mit seiner Menschen- und Gesellschaftslehre zu paaren, als deren Ergänzung sie gedacht ist. Rousseau wendet sich ausdrücklich nicht an die pädagogischen «professionals», sondern an Mütter und Väter und solche Menschen, die diese als Freunde zu vertreten bereit sind.

Wer also anderen Menschen Rousseau zugänglich machen will, hat zwei Möglichkeiten – entweder nach Rousseau zu verfahren und seinen überzeugten oder erstaunten Zuschauern zu sagen: «Dies habe ich bei Rousseau gelernt»; oder sie zu verführen, Rousseaus Bücher selber zu lesen, was ihm gelingen kann, wenn er Rousseau in seiner Darstellung oft unmittelbar zu Wort kommen läßt und nicht versäumt, dem Zitat seinen Platz im ganzen Werk anzuweisen. Im folgenden Essay wird der zweite Weg beschritten. Er ist in der bescheidenen Hoffnung geschrieben, die Neugier des Lesers zu wecken und ihm die Themen zu nennen, zu denen Rousseau Auskunft oder Zweifel bereithält, und die Orte, an denen diese bei ihm zu finden sind. Darüber hinaus könnte er heutige Eltern und Lehrer von heutigen Kindern empfänglich machen für einen Versuch: Abstand zu den eigenen Institutionen und Wörtern, Gewohnheiten und Erwartungen zu nehmen.

Wer mehr will, wem daran liegt, daß seine zugleich übermütigen und entmutigten Zeitgenossen durch Jean-Jacques Rousseau heilsam erschüttert und zu kühnem Nachdenken über ihre Grundverhältnisse angeregt werde, der kann ihnen drei Wege weisen: die Rekonstruktion des durch Parteinahme und Systematisierung entstellten Werkes, wie sie Jean Starobinski[1] mit Sorgfalt und Ingenium vorgenommen hat; die poetische Anverwandlung des durch die Zeit und die Schulmeisterei fremd Gewordenen, wie sie Ludwig Harig aufs Anmutigste gelungen ist; die Begegnung mit dem durch strenge Auswahl und kluge Anordnung zugänglich gemachten Original, wie Eduard Sprangers Zusammenstellung sie ermöglicht. Wem es um den Stand der wissenschaftlichen Erkenntnis über Rousseau geht, der muß auf die – meist umfangreichen und spezialisierten – Monographien zurückgreifen.[2]

I

Das Leben und die Person

Zu den «Themen», die uns Jean-Jacques Rousseau stellt, gehört seine Person. Sie war die Quelle seiner Erkenntnis; ihre Erlebnisse, Leiden und Widersprüche bilden den Anlaß seiner Werke; ihre Wandlungen wollten und sollten seine Lehre bezeugen; sie ist in seine Gestalten eingegangen (St. Preux in der *Nouvelle Héloïse*; JJ im *Emile*); sie war der eigentliche Gegenstand der Anfeindung und (also) auch der unausgesetzten Selbstrechtfertigung; sie war krank, verletzt und am Ende von Wahnsinn gezeichnet, so daß man es leicht hatte, das Werk nicht ernst zu nehmen, wo es zu verstehen Mühe gekostet (und gelohnt) hätte.

Nicht immer braucht man das Leben und die Person, um das Werk und die Wirkung eines Menschen zu verstehen. Bei Rousseau erklärt die Biographie vieles, was für sich rätselhaft bliebe, ja sie schreibt gleichsam am Werk mit. Seine im 54. Lebensjahr begonnene Lebensgeschichte (*Confessions*) enthält eine Begründung für die Abfassung des *Emile*, die alles, was er dazu in diesem sagt, überwiegt: Die Erinnerung an das, was ihn als Kind glücklich gemacht und gefördert hat, wie an das, was ihn in Angst versetzt und gequält, zu Verstellung und Verrat getrieben hat, rangiert vor den Fragen «einer guten und denkenden Mutter», an die sich der *Emile* wendet, vor der Sorge um die verzärtelten Kinder («... die Hälfte der Kinder stirbt vor dem achten Lebensjahr», und: «Härtet den Körper ab!», ER 127)[3], vor aller

Theorie zur negativen Erziehung. Wer die ersten Bücher der *Confessions* – «erfüllt von Grazie und einer bezaubernden Hingabe» (Romain Rolland) – gelesen hat, braucht keine Belehrung mehr über die «Entdeckung der Kindheit»: Er hat sie miterlebt.

Es gibt einen anderen Grund, sich mit der Person Rousseaus zu befassen, von dessen Namen die gesamte geistige Welt in der zweiten Hälfte des 18. Jahrhunderts widerhallte und der mit den Großen der Zeit befreundet oder verfeindet war – mit Diderot, d'Alembert, F.M. von Grimm, Voltaire, Condillac, Hume –, den Robespierre wenige Tage vor seinem Tod – elf Jahre vor Ausbruch der Revolution – in tiefer Ehrerbietung aufgesucht hat, dessen Statue von der siegreichen Revolution ins Pantheon aufgenommen und gegenüber denen von Franklin und Washington aufgestellt wurde: Welcher andere Lebenslauf, der so zerrissen, so ungereimt und wechselvoll ist, hat ein derart in sich gerundetes, in sich stimmiges Werk hervorgebracht? Martin Rang fand ihn «an sich weder reich noch besonders bedeutungsvoll» (ER 7). Kurt Wais urteilte: «Für uns Spätere ist die große Überraschung, daß ein Mann damals überhaupt soviel Durchlebtes zu erzählen hatte.» (Wais 261) Vielleicht trägt meine Verdichtung dieses 66 Jahre währenden Lebens auf acht Seiten dazu bei, wenigstens seine Dramatik erkennen zu lassen.

Als Rousseau am 28. Juni 1712 in Genf zur Welt kam, starb seine Mutter – «meine Geburt war mein erstes Unglück» (C 3). Als sein Vater zehn Jahre später wegen Händeln mit einem französischen Hauptmann die Vaterstadt verließ, kam Jean-Jacques erst zu einem Onkel, dann zu einem Pfarrer, M. Lambercier, in Pension, wo er mit seinem Vetter Latein und «den ganzen Krimskrams» der allgemeinen Bildung lernen sollte. Mademoiselle Lambercier, dessen Schwester, zählte er zu den drei Frauen, die seine Kindheit mit «friedlichen, liebevollen Empfindungen» erfüllten – neben der Wärterin Jacqueline und Tante Suzanne, die über den ersten Jahren gewacht hatten. Was er in den ersten fünf Jahren getrieben hat, wußte er nicht, als er über sein Leben schrieb, auch nicht, wieso er lesen konnte, wohl aber, daß er dies vom sechsten Jahr an mit größter Intensität tat – erst die Romane, die seine Mutter hinterlassen hatte, dann, als diese Quelle ausgeschöpft war, Bücher aus der Bibliothek ihres Vaters, eines gelehrten Geistlichen: Geschichtswerke von Plutarch bis Le Sueur, Dichtungen von Ovid bis Molière. Dies tat er zunächst nach dem Abendbrot gemeinsam mit dem Vater. Sie lasen einander abwechselnd vor und vergaßen darüber, schlafen zu gehen. «Ich hatte noch keine blasse Vorstellung von den Dingen selber, als alle Gefühle mir schon bekannt waren. Ich hatte nichts geistig begriffen und doch schon alles empfunden» (C 5), heißt es in eigenartiger Umkehr der erwarteten Wirkung: hätte er sich doch beispielsweise ein Bild von Niobe und ihren getöteten Kindern machen können, wie aber ihren stolzen Schmerz empfinden, wenn er ihn selbst nie erlebt hatte?

Einen eigentümlichen Schmerz erfuhr er, wenn Mademoiselle Lambercier ihn wegen einer Unaufmerksamkeit schlug. Er genoß ihn zu seiner eigenen Verwunderung und führte schließlich die Anlässe dazu selber herbei – bis die kluge Frau dies merkte und ihn hinfort mit der Erklärung stehen ließ, dies ermüde sie. (C 14) Die Lust der (masochistischen) Unterwerfung vollzog Rousseau fortan in der Vorstellung. «So habe ich mein Leben damit verbracht, an der Seite der Wesen, die ich am meisten liebte, zu begehren und zu schweigen.» Es ist die kürzeste von vielen Formeln, auf die er dieses «peinlichste» Geständnis gebracht hat – das peinlichste, denn «nicht das Verbrecherische ist am schwersten zu sagen, sondern das Lächerliche und Schimpfliche.» (Ebenda)

Der tiefste, in seinem ganzen Leben nachhallende Schmerz, nämlich zu Unrecht bestraft zu werden, wurde ihm aus einem banalen Anlaß zuteil. Er beharrte auf seiner Unschuld und galt nun nicht nur als Lügner, sondern als verstockt und untraitabel.

Das Ereignis verband ihn innig mit seinem im gleichen Fall befindlichen Vetter; es krönte die sie verbindende Freundschaft und ließ ihn – im gleichen Vorgang – spüren, was Abhängigkeit ist *und* wie man durch Selbstbehauptung triumphiert. Ja, auf dieses Ereignis führte er die Regung zurück, die ihn zeitlebens für das schwächere Wesen – sei es ein Tier oder ein Mensch – hat eintreten lassen. Damit endete die «Heiterkeit meines kindlichen Lebens», konstatiert er (C 21), und nahmen Mißtrauen, Auflehnung und Lüge ihren Anfang.

Der Onkel holte ihn und den Vetter wieder zu sich und gab ihn nach Jahren der Unentschlossenheit zu einem Kupferstecher in die Lehre. Ein Geselle desselben mit dem nur uns unheimlichen Namen Verrat verführte ihn zu Betrügereien; er lernte, «daß Stehlen nicht so schrecklich ist», wie er geglaubt hatte; als er von seinem Meister erwischt und geschlagen wurde, sah er in der Mißhandlung am Ende einen «Ausgleich» für die Dieberei, der ihm das Recht gab, diese fortzusetzen. (C 38/40)

Als ihm eines Abends die Stadttore vor der Nase geschlossen wurden, kehrte er Genf kurzerhand den Rücken, ging über die Grenze nach Annecy und wurde von einem katholischen Geistlichen zu Mme. de Warens gebracht, einer vermögenden Dame. Sie war 28, er 16, ein Kind-Geliebter. Ohne Arbeit, ohne Verantwortung, ohne Zwang genoß er bei ihr zwölf Jahre lang jenes «Moratorium», als das Erikson das Jugendalter bezeichnet, – meistens in dem von ihr dafür gemieteten Landhaus Les Charmettes. Im ersten Jahr freilich verbrachte er einige Zeit in Italien. Dort trat er nach kurzer Vorbereitung in einem Seminar zum katholischen Glauben über und fand sich nach der «Inquisition» mit zwanzig Franken Kleingeld aus der Kollekte von seinen Bekehrern auf die Straße gesetzt. Er vagabundierte, ließ sich von gutmütigen Kaufmanns- und Soldatenfrauen aushalten oder anstellen, diente als Lakai in adligen Häusern und lernte so «das Leben» kennen. Dieses gab ihm eine Gelegenheit, jene falsche Bezichtigung, die seine Kindheit beendet hatte, umzukehren: Er beschuldigte aus barem Mutwillen eine Mitbedienstete, ihm ein Band geschenkt zu haben, das er der Herrschaft gestohlen hatte. Weil Aussage gegen Aussage stand, wurden beide entlassen.

Fast ein ganzes Jahr lang war Rousseau Hauslehrer der beiden Söhne eines M. de Mably, des älteren Bruders von Condillac. Da Rousseau Platon, Xenophon, Montaigne, Locke und Fénelon gelesen hatte, da er über die nötigen sprachlichen, geschichtlichen und naturkundlichen Kenntnisse verfügte und überdies in den Abbés Gaime und Gâtier (die er später zum Savoyischen Vikar vereinte) eindrucksvollen Vorbildern für diesen Beruf begegnet war, glaubte er, der Aufgabe gewachsen zu sein. Er mußte freilich feststellen, daß es ihm an «Gleichmäßigkeit und vor allem an Klugheit» fehlte. (C 352) Er verließ seine Schüler, nicht ohne für den älteren einen Bildungsplan zu Papier gebracht zu haben.

1741 ging er nach Paris, wo er sich der Musik widmete. Er fand Zugang zur Pariser Gesellschaft und zu den in ihr verkehrenden «philosophes» und reiste als Sekretär des französischen Gesandten mit diesem nach Venedig. Er lernte, nach Paris zurückgekehrt, Thérèse Le Vasseur, die dreiundzwanzigjährige Wäscherin seiner Wirtin kennen. Ein Jahr später bekam diese ihr erstes Kind von Rousseau, der die Widerstrebende überredete, es ins Findelhaus zu geben: «Keine größere Bedenklichkeit auf meiner Seite.» (C 451) Das wiederholte sich bis zum fünften und letzten Kind im Jahre 1755 – dann aber mit anderen Gefühlen und anderen Begründungen. Denn im Jahre 1749, Rousseau war jetzt siebenunddreißig Jahre alt, las er auf dem Weg zum Freund Diderot, der in Vincennes im Gefängnis saß, die Ausschreibung der Akademie von Dijon und faßte in einer plötzlichen Erleuchtung den treibenden Gedanken seines ganzen weiteren Werkes: Die Zivilisation, die wir für unsere schönste Leistung halten, ist unsere Verderberin – einen Gedanken, der den Umkehrschluß nahelegte, mit dem er später seinen *Emile* eröffnet: «Alles, was aus den Händen des Schöpfers kommt, ist gut; alles entartet unter den Händen des Menschen.» (ER 107) Die Akademie sprach Rousseau den Preis zu – er wurde über Nacht mit einer These berühmt, die der Grundstimmung und dem Selbstbewußtsein der aufklärungsseligen, fortschrittsberauschten, luxussüchtigen Zeit vollkommen widersprach und dem Publikum wohl eben deshalb so imponierte. Im übrigen traf er dieses nicht unvorbereitet. Es gab ja Molière, Mandeville und Marivaux – und die in der Zeit beliebten, auch von Rousseau zitierten Berichte von Reisen in die Südsee.

Das rhetorische Feuerwerk, an dem Rousseau später

jede Logik und innere Ordnung vermißte (C 461), hatte Folgen vor allem für ihn selber: Er versuchte nun, in Übereinstimmung mit seiner Idee zu leben; er gab seine Stelle bei M. Francueil auf («Würde es mir wohl angestanden haben, als Kassierer eines Hauptsteuereinnehmers Uneigennützigkeit und Armut zu predigen?» C 474); er verkaufte seine Uhr, legte die weißen Strümpfe, den Degen und allen Luxus ab, er trug den Rock eines armenischen Landmanns und verdiente sich seinen bescheidenen Unterhalt durch Notenschreiben. Als ihm der König eine Rente anbot – Rousseau hatte eine Oper komponiert, die am Hofe in Fontainebleau aufgeführt wurde –, schlug er sie aus. Er wollte den kleinen Rest seines Lebens – aufgrund der plötzlichen Verschlimmerung eines chronischen Blasenleidens gaben ihm die Ärzte noch sechs Monate – in Unabhängigkeit verbringen.

Die Reaktion der Zeitgenossen auf diesen Wandel war gespalten. Die einen, insbesondere die Gelehrten, verhöhnten den neuen Diogenes; andere wallfahrteten in Bewunderung zu ihm. Ihn selbst befriedigte das neue Leben. «Bis dahin war ich gut gewesen, von nun an ward ich tugendhaft.» (C 549) Er fühlte sich gefestigt und gegen den Spott gefeit. Aber als er dies in den *Confessions* schrieb, wußte er auch, daß er «von diesem Augenblick an verloren» war (C 460): Mit dem Ruhm kam der Neid, mit dem Geniestreich die Besserwisserei der Gelehrten, mit deren Bloßstellung deren Feindschaft und Rachebedürfnis.

1754, im gleichen Jahr, in dem er zum Protestantismus zurückkehrte, beantwortete er eine weitere Preisfrage zur Entstehung der Ungleichheit unter den Menschen, eine kühne, gedankenreiche bis in unsere Tage aufwühlende Schrift, die ihn noch gründlicher auf das «einfache Leben» verpflichtete. Sie erhielt keinen Preis, wurde aber schon im folgenden Jahr in Amsterdam gedruckt. Wieder ein Jahr später bezog er die Eremitage, ein Gartenhaus, das Mme. d'Epinay in der Nähe ihres Schlosses Chevrette für ihn hatte herrichten lassen. «Mein Bär, dort ist Ihr Schlupfwinkel.» (C 521)

Die äußere Emigration aus dem «Pariser Treiben» ergänzte er durch eine innere: Auf seinen Spaziergängen erträumte er sich die idealen Gestalten und Lebensformen – «Liebe und Freundschaft, diese beiden Gottheiten meines Herzens» (C 567) wurden zu Julie und zu Claire in der *Nouvelle Héloïse*, er selber wurde zu St. Preux, dem Liebhaber der einen, dem Freund der anderen, und das Ganze zu einem überwältigenden literarischen Erfolg. Noch an diesem Roman schreibend, begann er mit der Arbeit am *Emile*, antwortete mit einem zwanzig Druckseiten langen «Brief» über den Optimismus auf zwei Gedichte von Voltaire über das Erdbeben von Lissabon, verfaßte einen sechsmal so langen «Brief» an d'Alembert über das Theater und die Stadt Genf, in der man ein solches nicht duldete, verdichtete die Gedanken, die er sich vor einem Jahrzehnt über die *Institutions politiques* zu machen begonnen hatte, zu dem Werk, das ihn unter die großen Theoretiker der Politik von Platon bis Marx einreiht, dem *Contrat social*, und nahm 1762 in vier «Briefen» an M. de Malesherbes die später in den *Confessions* ausgeführte Selbstdarstellung auf – eine überwältigende Ernte seiner Zurückgezogenheit erst in der Eremitage, dann in Montmorency beim Herzog von Luxembourg, Marschall von Frankreich.

Aus der Publikation des *Contrat social* und des *Emile* hatte Rousseau sich ein Kapital von acht- bis zehntausend Franken erhofft – als Leibrente für Thérèse und sich. Im April 1762 erschien der erstere bei Rey in Amsterdam, im

Mai der letztere. Am 9. Juni, kaum zwanzig Tage danach, beschloß das Parlament in Paris, den *Emile* zu verbrennen und Rousseau zu verhaften. Dieser floh auf Drängen seiner Gönner in der Hocharistokratie, die sich selbst gefährdet sahen, nach Genf, als dessen Bürger er sich auf den Titelblättern stolz bekannt hatte. Noch unterwegs, in Yverdon, erfuhr er, daß Genf gleich beide Bücher als Gotteslästerung und Angriff auf «die geoffenbarte christliche Religion» und «alle Regierungen» verurteilt habe. Er fand Asyl im preußischen Neuchâtel in Motiers. Hier verfaßte er einen Brief an den Erzbischof von Paris, M. de Beaumont, und einen an den Vorsitzenden des Rates von Genf, warf diesem sein Bürgerrecht vor die Füße und die Fackel der Zwietracht in seine Vaterstadt. Mit den *Lettres écrites de la Montagne* antwortete er auf die *Lettres écrites de la Campagne* des Genfer Juristen Tronchin. «Die heutigen Reformatoren, wenigstens ihre Priester, kennen und lieben ihre Religion nicht.» (LdlM 42) Er lehrt sie nun das von Vernunft erleuchtete Evangelium in acht Briefen mit solcher Leidenschaft, daß jede Versöhnung ausgeschlossen war. «Vitam impendere vero» – «Das Leben in den Dienst der Wahrheit stellen», schrieb er darüber. Die angegriffene Geistlichkeit mobilisierte das Volk, das ihn mit Steinen aus Motiers vertrieb. Rousseau floh erneut – nun auf die Insel St. Pierre im Bieler See. 1766 folgte er einer Einladung von David Hume nach England.

Die Beziehung erkaltete schnell an der nüchtern-ironischen Art des Gastgebers. Der seit längerem keimende Verdacht einer Verschwörung aller aufgeklärten und aller frommen Geister gegen ihn wuchs sich zu einem nicht mehr beeinflußbaren Verfolgungswahn aus. Rousseau kehrte schon 1767 nach Frankreich zurück, floh unter falschem Namen, gehetzt von Ort zu Ort, wurde vom Prinzen Conti aufgenommen und durfte sich schließlich in Paris in einer ärmlichen Wohnung in der Rue Plâtrière niederlassen. Hier heiratete nach 28 Jahren Thérèse, schrieb weiter an den *Confessions* und brach diese unvollendet ab, als man seine Vorlesung mit Schweigen quittierte.

Die Wahrnehmung, verkannt und darum verachtet, verraten und verfolgt zu werden, ließ ihn freilich nicht zur Ruhe kommen. In einem Werk, das in der Geistesgeschichte seinesgleichen nicht hat, rechtfertigt sich Rousseau, indem er über Jean-Jacques zu Gericht sitzt. Auf 280 Druckseiten in drei großen *Dialogen* mit einem ausgedachten «Franzosen» überzeugt er diesen und sich selbst von Jean-Jacques' Unschuld. Da Rousseau befürchtete, man werde seine zur Anklage geratene Verteidigung unterdrücken, wie man ja auch seine Lesungen der *Confessions* aus Angst vor Enthüllungen hatte verbieten lassen, plante er, diese Schrift auf dem Hochaltar von Notre Dame niederzulegen. Ein bis dahin nie wahrgenommenes Gitter verwehrte ihm den Zugang. Auch «die Vorsehung» war also gegen ihn! Eine Abschrift des Ersten Dialogs nahm ein Engländer mit nach London, wo er posthum gedruckt wurde – die Handschrift kann man in der British Library betrachten.

In den letzten Lebensjahren widmete er sich der Botanik und schrieb über sie. 1776 begann er mit der Aufzeichnung der *Rêveries d'un promeneur solitaire* – Rückblicke mit Meditationen und Naturbetrachtungen vermischt. Rousseau hat in ihnen doch noch Ruhe gefunden – eine Ruhe in Resignation: «J'étais fait pour vivre et je meurs sans avoir vécu» – «Ich war ganz zum Leben geschaffen, und ich sterbe ohne gelebt zu haben» (R 650). Am 2. Juli 1778 verschied er in Ermenonville, wo er seit Mai mit Thérèse beim

Grafen Girardin lebte. Noch an seiner Todesart haben die Menschen gezweifelt.

Am Ende dieses Abschnittes sei daran erinnert, daß wir – einschließlich der Kritiker, Pathologen und Entlarver – so gut wie alles, was wir über Rousseau wissen, durch ihn wissen.[4]

II

Das Werk

Die Fülle der Gedanken und Gegenstände, die Heftigkeit
der Ausschläge und nicht zuletzt die Vielzahl und Vielfalt
der Gegnerschaften, in denen sich Rousseaus Werk ergeht,
haben die Rezipienten dazu verführt, ihm Einheit und
Systematik abzusprechen: Der Genialität und Kühnheit seines Denkens sei Widersprüchlichkeit inhärent. Oder sie
haben es unter ein einigendes allgemeines Prinzip subsu-
miert: unter die *bonté naturelle* (die Rousseauisten *at
large*), das Gesetz der Depravation und darum die Kultur-
feindlichkeit (Weigand), die Einmaligkeit und Heiligkeit des
Individuums (Reble), die Entdeckung der Innerlichkeit und
darum den Kult der Empfindsamkeit (Spranger), das Verlangen nach Wahrheit und darum die unablässige Selbster-
kundung (Wais), die *perfectibilité* und darum die Zwiespäl-
tigkeit des Auftrags von Politik und Pädagogik (Benner),
das Gesetz als Bedingung möglicher Freiheit (Kant, Cassirer), die Sicherung der Glückseligkeit hienieden durch eine
praktische Philosophie (Schinz), die Aufhebung des Streites
zwischen Vernunft und Offenbarung in der Person: in ihrem Gewissen (Barth). Oder sie haben es einem bedenk-
lichen Motiv zugeordnet: einem waltenden Ressentiment,
dem «Instinct der Rache» für die verdorbene Kindheit
(Nietzsche), einer List der Begierde (Starobinski), einer
autoritären Denkweise, die in der Erfindung der *volonté
générale* zum Ausdruck kommt (Steinvorth), einem anthro-

pologischen Dualismus (Fetscher) oder einer Dialektik der Entwicklungen (Wuthenow).

Daß ich die wenn auch umrißhafte Wiedergabe des Lebens von Rousseau der Darstellung seines Werkes voranstelle, hat seinen Grund in der Hypothese, daß das letztere aus dem ersteren unmittelbar hervorgeht. Das Werk trägt zwei Erfahrungen des Jean-Jacques aus: wie schmerzlich und (mit Kant) unwürdig die Abhängigkeit ist *und* wie zerstörerisch die Unwahrheit. Das Werk lehrt die Bedeutung und mögliche Wahrung von Unabhängigkeit und Aufrichtigkeit. Folgt man der Entfaltung des Werkes, offenbart es in ein und demselben Durchgang die erlebte wie die gedankliche Folgerichtigkeit.

Die beiden Preisschriften:
Rousseaus Menschenlehre

Der *Erste Discours*, die Antwort auf die Preisfrage: «Hat der Wiederaufstieg der Wissenschaften und Künste zur Läuterung der Sitten beigetragen?» war ein Eclat und ein Eclair: Grell und flüchtig hat er die Bühne beleuchtet, auf der sich alles weitere abspielen sollte. Die Abhandlung stellt keine Grundlegung der Rousseauschen Gedankenwelt dar, wohl aber eine treffliche Einführung. Mit offenkundigem Hintersinn fiel diese mit der Botschaft zusammen: Eine Akademie, Hüterin der Zivilisation, erwartet die Preisung der mit Stolz beobachteten Entwicklungen (le rétablissement!) und lieferte damit *das* Beispiel für den Selbstbetrug der Gesellschaft. Von Horaz holte sich Rousseau das Motto: *Decipimur specie recti* – Wir werden durch den Anschein des Richtigen getäuscht.[5] Daß die Verfeinerung der Lebensart uns verweichlicht, daß die Wissenschaften uns zu Zeitverschwendern und Feiglingen machen, daß die Künste – das Theater, die Romane, die Gazetten – uns zu Eitelkeit, Geschwätzigkeit, Ruhmsucht verführen, ist der geringere Schaden; daß sie uns die Ketten verbergen, an die die gesteigerten Bedürfnisse uns legen, ist der tödliche Schaden: Wir sind nicht nur Sklaven, wir sind «glückliche Sklaven» (DI 8), wo wir leiden und also aufbegehren sollten. Unser «kultureller Überbau» hindert uns, unseren Zustand wahrzunehmen – die Abhängigkeit und die Unwahrheit desselben.

Im *Zweiten Discours* «Über den Ursprung und die Grundlagen der Ungleichheit unter den Menschen» von 1754 bestätigt Rousseau als erstes, daß es selbstverständlich Unterschiede gibt und es keinen Sinn hat, sich dagegen aufzulehnen. Einige dieser Unterschiede sind «gegeben», also «von Natur»; mit ihnen muß man sich abfinden. Andere sind nicht «von Natur», sondern durch die Gesellschaft hervorgebracht oder fingiert; sie sind in der Regel schädlich, erniedrigend, unnütz. Das sind vor allem diejenigen, die die einen Menschen von den anderen abhängig machen. Die Abhängigkeit ist nicht allein das Ergebnis von Gewalt – also der Ausnutzung natürlicher Überlegenheit –, sie ergibt sich vielmehr vor allem aus dem Zusammenwirken einer Vielzahl von Verhältnissen im doppelten Sinn des Wortes, die alle in Rousseaus scharfsichtiger, vom Wissen der Zeit und durch eigene Spekulation ergänzter Analyse als «nicht ursprünglich» erscheinen.

Rousseau bestätigt als zweites, daß niemand – weder Historiker noch Ethnologe noch Philosoph – weiß, welche Eigenschaften und Bedürfnisse des Menschen «von Natur» sind (DII, Anm. j 128–143). Der Begriff selbst ist ein Produkt des gesellschaftlichen Menschen. Was er über den Sachverhalt herausfindet, bleibt immer «die Natur in der Darstellung des Geistes» (Bruno Snell). Der natürliche Mensch ist ein Konstrukt, und ein Konstrukt hat einen Zweck.

Rousseaus Zweck ist die Re-Konstruktion eines Menschen *ohne die Merkmale der Kultur* (und insofern eines «homme sauvage»), um an dem Negativbild zu prüfen, von welchen «Bedürfnissen» wir uns – um unserer Unabhängigkeit willen – zu lösen trachten sollten, und welchen wir – wieder um dieser Unabhängigkeit willen – genügen müssen. Die Re-Konstruktion ist ein klassischer Fall von De-Konstruktion. «Der Wilde lebt allein, ist müßig und stets von Gefahr umgeben.» (DII 104) «Begehren und fürchten» sind seine einzigen und ausreichenden Regungen (DII 128). Aber der Mensch *kann* dem natürlichen Mechanismus, dem Instinkt entrinnen. Er kann etwas jetzt unterlassen, damit er es dann besser tun könne. Der Verstand kommt ins Spiel. Damit ist der Mensch noch nicht ein Verstandeswesen, denn, wie man sieht, «dient» der Verstand den natürlichen Regungen. Warum sollte einer sich die Mühe machen zu denken, wenn ihn nicht Furcht und Begierde dazu treiben (DII 134)!

Der Mensch bliebe ein besonders vielseitiges Tier, hätte er nicht die ihm allein zugesprochene Eigenschaft: die *perfectibilité*, die man mit der Fähigkeit, sich zu vervollkommnen, übersetzt, «eine Fähigkeit, die mit Hilfe der Umstände alle anderen allmählich entwickelt». (DII 108) Heute würde man sagen: eine Mischung aus oder Kombination von Anpassungsfähigkeit und Entwicklungsfähigkeit. Sie aber, indem sie unsere Bedürfnisse befriedigt hat – und ihnen die «Umstände» (das ist die «Umwelt») unterworfen –, ist auch der Ursprung unserer Leiden, unserer Entartungen und am Ende unserer Unfreiheit. (Ebenda)

Das wichtigste Instrument der Perfektionierung ist der Verstand (la raison) – er macht aus dem *amour de soi*, dem Selbsterhaltungstrieb, den *amour propre*, die Selbstsucht. Das Denken (la réflexion) befestigt diese (D II 174). Sie tritt an die Stelle der einzigen «natürlichen» Tugend des Menschen, der *commisération*, des Mitleids. Das Räsonieren treibt ihm diese Regung aus. «Der Mensch kann seinesgleichen nicht leiden sehen» (D II 170) – und lernt nun, es zu tun.

Im zweiten Teil der Abhandlung rekonstruiert Rousseau den Übergang vom Naturzustand (état naturel) in den gesellschaftlichen Zustand (état civil). «Der erste, der, nachdem er ein Stück Land eingezäunt hatte, kühn behauptete: ‹Das ist mein!› und der Leute fand, die so einfältig waren, ihm dies zu glauben, wurde zum wahren Gründer der bürgerlichen Gesellschaft (société civile).» (D II 190) Mit diesem Satz eröffnet Rousseau eine Geschichte sich gegenseitig hervorbringender Abhängigkeiten: Die Sprache, das Seßhaftwerden, die Arbeitsteilung, die Familie, die Erfindung des Eisens, der Ackerbau, die Künste und Wissenschaften, die sozialen und politischen Hierarchien wirken alle mit. Sie schaffen neue, also «erworbene» Bedürfnisse und ketten den Menschen an seine Mitmenschen: «Er wird gleichsam ihr Sklave, selbst dann, wenn er ihr Herr wird.» (D II 220) Wollte der Wilde in Ruhe, Freiheit und Muße leben, rackert sich der Bürger ab. Das Streben nach Macht und Ansehen (puissance et réputation) bestimmt ihn fortan. «Der Wilde lebte in sich selbst, der zivilisierte Mensch ... lebt nur in der Meinung der anderen.» (D II 264)

Ehrgeiz und der Eifer, das Vermögen zu vermehren, führen zu Ungleichheit, Unordnung und Krieg, die allen schaden, und so erklärt eines Tages «der Reiche seinem armen Nachbarn, wie schrecklich doch die Lage sei, in der alle gegen alle stünden». Er schlägt ihm vor: «Wir wollen uns vereinen, um die Schwachen vor der Unterdrückung zu bewahren, ... und Vorschriften erlassen, denen jeder zu folgen verpflichtet ist ...» Das Gesetz tritt an Stelle der Gewalt – kein gerechtes Gesetz freilich, denn es begünstigt die Besitzenden und verpflichtet die Nichtbesitzenden sogar, deren Besitz zu schützen (DII 226). Die Ungleichheit, die im Urzustand «fast gleich null» war (DII 266), wird durch die Einführung des Eigentums und der Gesetze dauerhaft und legitim.

Mit dem *Zweiten Discours* hat Rousseau zwar seine Antwort auf die Frage nach der Ursache und der Befestigung von gesellschaftlicher Ungleichheit und damit von Unfreiheit und Unwahrhaftigkeit gegeben, nicht aber geklärt, was daraus zu folgern wäre. Vor allem hat er nichts darüber gesagt, wie der «heutige» Mensch, der ja im *état civil* lebt, zur Freiheit und Wahrhaftigkeit gelangen könne. «Zurück in den Urzustand!» gebietet Rousseau uns nicht; die edlen Wilden, wo immer es sie noch gibt, würden wir verderben; sie würden dann nicht mehr «einsam, frei und faul» sein können und gewiß nicht unsere Vorbilder sein wollen; sie würden sehr schnell unsere unglücklichen Schüler.

Auch in der Erziehung empfiehlt Rousseau keine Reprimitivierung. «Man meine doch nicht, daß, wenn man einen *homme de nature* zu bilden vorhabe, man ihn zu einem Wilden machen wolle und ihn in die Wälder schicke» – so entledigt sich Rousseau im *Emile* der törichten Unterstellung (EE 285). Zu Recht schreibt Karl Barth: «Zurück zur

Natur» habe er bei Rousseau nirgends gefunden (Barth 116). Aber es gibt genügend Mahnungen in Rousseaus Werk, erstens uns von der Natur leiten zu lassen (z. B. in der Erziehung, wovon unten noch die Rede sein wird), zweitens der Unnatur der Zeit – seiner wie der unseren – zu entsagen. In den *état naturel* ist man damit nicht zurückgekehrt. Das hat auch keiner seiner kulturkritischen Vorgänger zu tun geraten, weder Swift noch Defoe, weder Voltaire noch Diderot, die alle ihr geistvolles Spiel mit der Depravation und den Mitteln zu ihrer Behebung spielten. Als «Rousseauismus vor Rousseau», wie der Titel eines von Martin Rang zitierten Aufsatzes von Daniel Mornet aus dem Jahre 1912 lautet, läßt sich deren Kulturkritik nur bei einem oberflächlichen Verständnis von Rousseaus Lehre bezeichnen. Rousseau geht die Sache ernsthafter an. Er weist uns zwei Auswege an: den über den wahren Gesellschaftsvertrag und den über eine gründlich umgestellte Erziehung – und diese beiden Bemühungen sind komplementär.

Die Rückkehr in den Urzustand hat Rousseau schon im *Zweiten Discours* für utopisch erklärt. Einzelne Menschen von besonderer Weisheit können sich dem «Anblick und der Erinnerung» ihrer verderbten Zeitgenossen entziehen. Aber «Menschen wie ich, in denen die Leidenschaften für immer die ursprüngliche Einfalt untergraben haben, die sich nicht von Gras und Eicheln nähren können»,[6] müssen versuchen, gute Bürger einer guten Gesellschaft zu werden. (D II 126)

Der Gesellschaftsvertrag:
Rousseaus Staatslehre

Was wir denken und tun müssen, damit es die letztere geben kann, stellt Rousseau im *Contrat Social* dar –, und vollends in dieser Schrift kann die Rückkehr in den *état naturel* nicht als wünschenswert erscheinen (CS I, 8–9).

Rousseau nimmt an, die Menschen seien durch die Verhältnisse – nicht durch die Reichen und Mächtigen (siehe oben S. 36) – zur Einsicht gelangt, daß sie sich je allein und ohne gemeinsame Anstrengung in dem ursprünglichen Zustand nicht würden erhalten können. Sie beschließen aus freier Erwägung einen Zusammenschluß. In dieser Annahme unterscheidet sich Rousseau von anderen Vertretern der Vertragstheorie, vornehmlich von Hobbes. Für diese(n) beruht der Zusammenhang der Gesellschaften auf Zwang. Für Rousseau sind sie das Resultat einer Übereinkunft. Entsprechend setzt Hobbes eine «wölfische» Natur des Menschen voraus, Rousseau eine ehrgeizlose und mitleidige.

Der Auftrag lautet nun: «Eine Form der Gemeinschaft ist zu finden, in der die gemeinsame Kraft die Personen und das Eigentum jedes Teilhabers verteidigt und schützt und in der jeder, der sich mit der Gesamtheit verbindet, *nur sich selber gehorcht* und seine frühere Freiheit bewahrt.» (CS I,6; Hervorhebung von HvH) Um die Gleichberechtigung der Vertragschließenden und damit ihre Freiwilligkeit zu sichern, muß sich «jedes Mitglied *aller* seiner Rechte zugunsten des entstehenden Gemeinwesens entäußern». Nur so sind die Bedingungen für alle gleich. Der Vertrag hat folgenden Wortlaut: «Jeder von uns unterstellt in einem gemeinsamen Akt seine Person und seine ganze Macht (puissance)[7] dem allgemeinen Willen (volonté générale) als oberster Leitung; die Gesamtheit aller nimmt jedes einzelne Mitglied als Bestandteil des unteilbaren Ganzen auf.» (Ebenda) Damit tritt jeder mit sich selbst in ein Vertragsverhältnis ein – als Subjekt wie als Objekt seiner Bestimmungen, als Souverän («Staatsträger») wie als Teilhaber («Untertan»).

Dies ist nicht der Ort, Rousseaus sorgfältige Implementierung dieser abstrakten Formel nachzuzeichnen. Sie läuft – anders als der im *Zweiten Discours* geschilderte falsche Gesellschaftsvertrag unter Ungleichen und anders als die moderne, auf Interessenwahrnehmung und Interessenausgleich gestellte Verbands- und Parteiendemokratie – auf die folgenden zwei Prinzipien hinaus: (1) Der so verstandene Staat hat eine einzige *raison d'être*, die also das Gemeinwohl definiert, nämlich die Freiheit der einzelnen Bürger zu sichern; (2) das aber macht sowohl die Mitwirkung jedes einzelnen an den Beschlüssen der Gemeinschaft wie seinen Gehorsam diesen gegenüber zur «selbstverständlichen» Pflicht (CS I,7). Verweigert er diese, setzt der Staat Zwangsmittel ein: «Mit anderen Worten, man wird ihn zwingen frei zu sein, denn nur unter dieser Bedingung wird jedem Bürger ... seine persönliche Unabhängigkeit gewährleistet.» (Ebenda) Aus Unabhängigkeit in der Natur wird Freiheit unter dem Gesetz. Dies ist der Gedanke, den Kant an Rousseau bewunderte und liebte.

Sätze wie der vom Zwang zur Freiheit lassen Rousseaus Vorstellungen von Staat und Gesellschaft als Vorläufer der Totalitarismen des 19. und 20. Jahrhunderts erscheinen. Vollends die *volonté générale* (der Gemeinwille) kann, wenn man sie mit der *volonté de tous* (dem Willen aller) oder auch nur mit den Beschlüssen der jeweiligen Abstimmungsmehrheiten gleichsetzt, in die Nähe des faschistischen Volkswillens geraten. Rousseaus Text erlaubt eine solche Gleichung nicht: Die *volonté générale* ist eine Norm für die einzelnen Entscheidungen. Was der Gemeinwille will und wie er sich in den jeweiligen Entscheidungen ausdrückt und verwirklicht, weiß man nicht, man muß es ermitteln. Das geschieht durch Subtraktion aller Sonderinteressen: Einander widersprechende Voten können nicht Gemeinwille sein. Die streng einzuhaltenden Bedingungen, unter denen der Gemeinwille erkennbar wird, sind: Alle Mitglieder der Gemeinschaft nehmen an den Versammlungen zu seiner Ermittlung teil, dabei muß «der Gemeinwille immer befragt werden und auch immer eine Antwort erteilen» (CS IV,1); die Versammelten werden also eigentlich nicht gefragt, ob sie dem Antrag zustimmen, «sondern ob er dem Gemeinwillen entspricht» (CS IV,2); die Mitglieder sagen dabei *ihre* Meinung und keine andere, nur opportune oder in Vorabsprachen festgelegte; sie erörtern die Punkte, die strittig bleiben, solange, bis sie ein gemeinsames Verständnis davon haben. Nur wenn die Entscheidung keinen Aufschub duldet, kann man vor dieser Einigung abstimmen und die Mehrheitsmeinung als Not- oder Ersatzlösung hinnehmen. Der Grundsatz, daß eine Mehrheit gelegentlich an die Stelle der Einstimmigkeit treten könne, setzt «wenigstens für diesen Fall die Einstimmigkeit voraus». (CS I,5) Das Subtraktionsverfahren ist im *Contrat Social* II,3 beschrieben. Es kann nur in kleinen Gemeinwesen funktionieren. (CS II,9)

Die Freiheit des Bürgers, insbesondere die, seine Meinung zu äußern, kann man unter zwei Gesichtspunkten sehen: (1) primär als ein Recht, das zu schützen der republikanische

Staat da ist; (2) primär als Voraussetzung für das Funktionieren dieses Staates, der dem Gemeinwohl, der Gerechtigkeit, dem Schutz von Leib und Leben und natürlich auch der Freiheit zu dienen hat. Rousseaus Konstrukt soll vornehmlich den zweiten Gesichtspunkt verständlich machen; der erste versteht sich aus den Prämissen des Gesellschaftsvertrags von selbst. Rousseaus Vorstellung hat übrigens in einem Gesetz Ausdruck gefunden, das sich die Französische Revolution 1791 gab, der Lex Le Chapelier, und das intermediäre Körperschaften untersagte: Alle Bürger waren unmittelbar Staatsträger.

Man ermißt hieran leicht, wie weit sich die moderne, stets parlamentarische, nie direkte Demokratie[8] von ihrem eigenen Ursprung und Dogma entfernt hat («Sobald ein Volk sich vertreten läßt, ist es nicht mehr frei, es besteht nicht mehr», CS III,15). Man erkennt – wegen der hohen Abstraktion – nicht ebenso leicht, daß die Idee des Staates hier ihre radikalste Beschränkung erfährt – in ausdrücklicher Absetzung von Grotius, den Naturrechtsdenkern, den Rechtspositivisten. Man erkennt auch, daß diese Vertragsgemeinschaft kaum von Menschen geschlossen werden würde, wie es sie unter den herrschenden Bedingungen gibt: Sie lieben die Unabhängigkeit, die Muße, die Aufrichtigkeit, kurz die Unbedingtheit ihres Lebens weniger als die Erfüllung ihrer gesellschaftlichen *ambitions* und ihrer materiellen Ansprüche. Deshalb bleibt der Gesellschaftsvertrag auf einen nicht politischen Vorgang angewiesen – auf die Erziehung.

Das eine ist die Voraussetzung des anderen: Durch die richtige politische Lebensordnung werden die Menschen gute Bürger, und «die Menschen müssen *vor* der Gesetzgebung das sein, was sie *durch* sie werden sollen.» (CS II, 7)

Dieses Dilemma ist Rousseau also bewußt. Theoretisch löst er es durch die Erfindung eines überlegenen «göttlichen» Gesetzgebers; praktisch löst er es durch die Erfindung des Erziehers von Emile. Er heißt Jean-Jacques.

Der Emile:
Rousseaus Erziehungslehre

Die von ihm erwartete Erziehung wird in dem nach dem Zögling *Emile* genannten Buch geschildert. An ihrem Ende ist Emile in der Lage, in der Zivilisation zu bestehen, d.h., in ihr zu leben, ohne Schaden an seiner Person zu nehmen. Er ist auch ein Mensch, der den Gesellschaftsvertrag (den in der Geschichte niemand geschlossen hat!) schließen könnte, das heißt, der dazu fähig und vor allem der dazu bereit wäre. Er muß darum die «natürliche Freiheit» erfahren und in ihr seinen *amour de soi* vor dem *amour propre* bewahrt haben; er muß erfahren haben, was es heißt, er gehorche sich selbst, wenn er dem Gesetz gehorcht, einem Gesetz, das er im Blick auf «das Glück eines jeden» beschlossen hat (CS I,6 und II,4); er muß gelernt haben, sein Glück in sich zu suchen (LM III), seine Unabhängigkeit zu lieben, darf nicht Sklave von Ehrgeiz, Eitelkeit, falschen Bedürfnissen, der Meinung der anderen geworden sein, denn nur dann wird er auch in der Lage sein, den Vertrag zu kündigen und seine «ursprünglichen Rechte» wieder einzunehmen, sollte der Vertrag verletzt worden sein (d.h., der Vertrag ist kündbar, CS I,6, und war es schon im *Zweiten Discours*, D II 246 f.)[9]; er muß diesen kennen und die durch ihn ermöglichte vertragliche Freiheit (liberté conventionelle) schätzen. Letztlich muß er die Staatsform wollen, die geeignet ist, ihre Bürger weise und gut zu machen, wie Rousseau später in den *Confessions* das Ziel der staatlichen Einrichtungen definiert (C 533). Und wie beim *Zweiten Discours* gewinnt Rousseau seine Erkenntnis am Gegenbild zur Wirklichkeit.

Der *Emile* ist wie der *Contrat Social* eine Konstruktion, die vor allem der Erkennbarkeit (nicht der Verwirklichung) des Gedachten dient. Die Rahmenbedingungen, die Rousseau sich dafür ausgedacht hat, sind so gewählt, daß der Leser vornehmlich die Prinzipien des Erziehungsprozesses versteht, nicht damit er sie nachahme: Jean-Jacques ist der einzige Erzieher eines einzigen Kindes und Jugendlichen; er bleibt es fünfundzwanzig Jahre lang; er ist jung, Freund und Spielgefährte seines Emile; er macht keinen Unterschied zwischen Zögling und Schüler; Emile ist gesund, durchschnittlich begabt, und er ist reich – die Armen bedürfen dieser Erziehung nicht, das Leben erzieht sie viel besser. (EE 31) In den Rahmenbedingungen kündigt sich ein zugleich radikales, aber nicht utopisches Gedankenexperiment an. Die «natürliche» Erziehung des Emile fordert einen außergewöhnlichen, also künstlichen Erzieher und eine künstliche Situation. Auf die Vorhaltung: «Schlagen Sie vor, was durchführbar ist!» antwortet Rousseau: «Das ist, als ob man mir sagte: Schlagen Sie vor, was man schon tut.» (ER 103)

Im folgenden werden sieben pädagogische Prinzipien herausgestellt, die Emiles Erziehung zu einem unabhängigen und wahrhaftigen, d.i. zu sich stehenden Menschen leiten und die sie zusammen als ein System erscheinen lassen. Sie werden unter ihren heutigen Bezeichnungen aufgeführt.

(1) «Der Eigenwert der Kindheit»

Rousseau hat, wie keiner zuvor, darauf bestanden, daß Kindheit kein bloßes Durchgangsstadium zum Erwachsensein ist. «Was soll man also [nämlich angesichts der hohen Kindersterblichkeit] von jener barbarischen Erziehung halten, die die Gegenwart einer ungewissen Zukunft opfert, von einer Erziehung ..., die das Kind von vornherein unglücklich macht, um es auf ein in weiter Ferne liegendes Glück vorzubereiten, das es vielleicht nie erreicht?» «Das Alter der Heiterkeit» vergehe «unter Tränen, Strafen, Drohungen und der Sklaverei. Man quält das unglückliche Kind um seines Wohles willen.» (EE 61)

(2) «Eine anthropologische Erziehungslehre»
Die Kindheit studieren

Wie man erziehen muß, lernt man aus der Beobachtung von Kindern. «Ihr kennt die Kindheit nicht!» (EE 8) – mit diesem Vorwurf beginnt das Buch. Der Vorwurf überwiegt die Begründung: Ihr seht nicht hin, weil ihr nur das im Sinn habt, was dem Erwachsenen zu sein, zu können, zu wissen nützlich ist, und das ist euch bekannt. Vom Tag der Geburt an bemüht ihr euch, aus dem Kind einen Bürger der Gesellschaft zu machen. Dabei ist es ganz und gar «Natur» und jedenfalls ganz und gar Kind: auf die Ausbildung seiner Sinne, Organe, Glieder angelegt und nicht auf eure Zwecke. So bringt eure Erziehung einen in sich entzweiten Menschen hervor; die ursprünglichen Gefühle, Neigungen, Bedürfnisse widersprechen den aufgepfropften Idealen, den anerzogenen Gewohnheiten, den unverstandenen Pflichten. Der Mensch hat zunächst (d.i. in der natürlichen Ordnung) nur einen «Beruf»: Mensch zu sein. «Wer für diesen Beruf gut erzogen ist, wird auch jeden anderen ... gut ausfüllen.» (EE 17) Wollt ihr ihm dabei behilflich sein, müßt ihr in erster Linie die *conditions humaines* studieren.

(3) «Eine negative Pädagogik»
Nicht eingreifen / Die eigenen Zwecke hintansetzen / Zeit verlieren / Euch und euer Raisonnement zurücknehmen / Entmoralisierung der Pädagogik

Wer den vollendeten Bürger haben will, der sehe sich bei Platon oder Lykurg um. Wer Kinder glücklich machen will, schirme sie ganz gegen die Gesellschaft und ihre Erwartungen ab. Wer den Gegensatz überwinden will, muß vor allem eines tun: «Verhindern, daß etwas geschieht.» (EE 16) Dies hat man in Anlehnung an eine Äußerung von Rousseau (EE 80) «negative Erziehung» genannt. Angesichts der Fülle der Beobachtungen und Ratschläge, die Rousseau hierzu gibt, und der Absichten, die er abwehrt, ist der Ausdruck schwach. Gemeint ist: Erzieht
• nicht für die Berufe und gesellschaftlichen Rollen
• nicht durch Belehrung, Beschämung, Bestrafung
• nicht unter dem Druck, sei es von Zeitplänen, sei es von ehrgeizigen Zielen, sei es von Vergleichen.
«Junger Erzieher, ich lehre dich eine schwere Kunst: Kinder ohne Vorschriften zu leiten und durch Nichteinwirken alles zu erreichen.» (EE 114)
Verhindern, daß etwas geschieht, heißt vor allem: Aufhören, im Auftrag der Gesellschaft, der Eltern, der Zukunft das Individuum, das Kind, die Gegenwart zu überwältigen – sich nicht einbilden, man könne mit der Erziehung die gewünschten Menschen «herstellen». Die «erhabensten

Tugenden» sind «negativ»[10]; es ist zum Beispiel wichtig, bestimmte Wünsche nicht zu haben. Wo man aber die Verneinung eines Wunsches «lehrt», lehrt man zunächst den Wunsch. (EE 95)

«Betrachtet jede Verzögerung als einen Vorteil.» (EE 81) Rousseau nannte dies die oberste und wichtigste Regel aller Erziehung (EE 80). «Unsere pedantische Lehrsucht bemüht sich fortwährend, die Kinder das zu lehren, was sie allein viel besser lernen, und übersieht, was allein wir sie lehren können. Gibt es eine größere Torheit als die Mühe, die man aufwendet, ihnen das Gehen beizubringen?» (EE 60) Darum wird Emile weder Fallhut noch Laufkorb noch Gängelband haben.

«Weil man aus dem Kind nicht ein Kind, sondern einen Gelehrten machen will, können die Väter und Lehrer es nicht früh genug ausschelten, korrigieren, zurechtweisen, umschmeicheln, es bedrohen, ihm Versprechungen machen, es unterweisen und ihm Vernunft predigen ... Setzt euch nicht mit eurem Zögling auseinander, vor allem nicht, damit ihm das gefalle, was euch gefällt ... Haltet alle Meinung von ihm zurück, bevor er sie prüfen und beurteilen kann ...» (EE 81) Die Erwachsenen glauben, das Kind überzeugt zu haben, und haben es doch «nur ermüdet oder erschreckt». (EE 77) Rousseau erkennt, daß das Kind eigentlich dauernd lernt – im Spiel, im Nichtstun, in der scheinbar sinnlosen Wiederholung. Es lernt mit seinem ganzen Körper und «übt, bis es kann». Einer Erklärung bedarf es dazu nicht: «Die Kindheit ist der Schlaf der *raison*.» (EE 98)

Die größte Gefahr kommt der Pädagogik von ihrem eigenen Zweck: Will sie einen «guten» Menschen «machen», wird sie ihn nicht bekommen. Bevor der Mensch nicht körperlich, geistig und seelisch stark und somit «er selbst» ist, kann er nicht autonom handeln, hat er nur den Schein der Unabhängigkeit und damit den Schein der Sittlichkeit. Wer dem Kind moralische Forderungen stellt, es für eine Tat bestraft, deren Schuldhaftigkeit es nur durch die Strafe erfährt, verhindert die moralische Selbstverantwortung, die er anstrebt. Das Kind lernt dabei nicht, was gut und was böse ist, sondern das, was ihm zugewandte oder abgewandte, freundliche oder unfreundliche Erwachsene beschert. Strafe ist nicht in erster Linie Schmerz, sondern Liebesentzug.

Hinsichtlich des Kindesalters ist Rousseaus Ansicht hierzu radikal: Das Kind – Repräsentant des nicht zivilisierten, «nicht vergesellschafteten» Menschen – ist amoralisch, von Selbstliebe und Mitleid, von Lust und Unlust angeleitet. Wer das ignoriert, erzieht es – aufgrund eben dieser Regungen – zur Heuchelei und zur Lüge (EE 90). Es wird «ich bin schuldig» sagen, aber es wird meinen «ihr wollt, daß ich das sage».

Es ist schwer vorstellbar, daß Rousseau nie ein wirklich reuiges Kind erlebt hat. Auch widerspricht die dem Kind zugesprochene sittliche Unempfindlichkeit dem Postulat, daß Jean-Jacques Emiles «Freund, Kamerad, Spielgefährte» sei (EE 164). Aber in seiner Erziehungslehre besteht Rousseau auf dem Prinzipiellen: «Laßt euch vom Kind nicht um Verzeihung bitten, denn es kann euch nicht beleidigen.» (EE 79) Das gefühllose, gar mitleidlose Kind ist ein bewußtes Konstrukt, nicht eine Fragwürdigkeit, wie Martin Rang meint. Dieser schreibt: «Wie sollte ein Kind, dem es nur in der Gemeinschaft seines Erziehers recht gefällt, das sich täglich mehr an ihn anschließt, diesen treuen Gefährten seines Lebens und seiner Spiele *nicht* lieben und also nicht von ihm ‹abhängig› sein?» (EE 73) Rousseau sagt: Aller Neigung des Emile zu Jean-Jacques und des Jean-Jacques zu Emile zum Trotz *sollten* sie «niemals voneinander abhängig sein». Es genügt, wenn sie «zueinander passen», und es bekommt der Erziehung des Emile, wenn sie sich beide «mit niemandem so wohlfühlen als miteinander». (EE 164)

(4) «Erfahrungslernen»
Belehrung durch die Dinge / Verzicht auf Macht – auf Zwang oder Überredung

Alles Fundamentale sagt Rousseau am Anfang seines *Emile*. Auf der zweiten Seite heißt es: Erziehung werde uns durch die Natur, die Dinge und die Menschen zuteil. Nur über die letzteren seien wir Herr und auch dies nur in Grenzen, übten wir sie doch nie alleine aus. (EE 12 f.) Am wenigsten ist die von der Natur geplante Entwicklung zu beeinflussen; sie ist der wirksamste Erzieher, ja sie selbst sieht die «Erfahrung mit den Dingen» und das «Lernen von den Menschen» vor; sie hat uns mit den dafür nötigen Antrieben ausgestattet (EE 50). «Der Schöpfer sorgt nicht nur für die Bedürfnisse, die er uns gab, sondern auch für die, die wir uns erwerben.» (EE 153) Dem Leser wird dies alsbald an der Rolle der Mutter und der Amme, des Vaters und des Hofmeisters (EE 19–30), an der Funktion der physischen Schwäche des Kindes (EE 12), an seinem Bedürfnis, alles zu berühren (EE 46), seinem Tätigkeitsdrang (EE 50), seinem Nachahmungsbedürfnis, seinem Spieltrieb, am Erlernen der Sprache (EE 57) veranschaulicht. Das Neugeborene, ausgestattet mit Empfindungen, meidet unangenehme und erstrebt angenehme Erfahrungen. Gegen diese ursprüngliche Ausrichtung wird man nichts erreichen.

Auch die uns geläufigen Gewöhnungs- und Abrichtungs-
mittel basieren auf dem elementaren Lust/Unlust-Prinzip,
und was man unterdrückt, kehrt in anderer Form, meist
mit gesteigerter Gewalt wieder. Rousseau hat die Lehren
der Behavioristen und Sigmund Freuds fast im Wortlaut
vorweggenommen.

Die eigentliche Kunst des Jean-Jacques besteht darin zu
verhindern, daß die drei «Erzieher» in Widerspruch zueinander geraten. (EE 12) So wenig sich bei Rousseau die
Empfehlung findet, zur Natur zurückzukehren, so wenig
die Empfehlung, ihr die Erziehung ganz zu überlassen.

Ständig sind die Erwachsenen durch ihre Kenntnis der
Dinge und durch ihre Voraussicht verführt, dem Kind Gefahren oder schlimme Folgen ersparen zu wollen. Das hat
zwei Konsequenzen: Das Kind wird erstens lernfaul (EE 113)
und übt sich zweitens im Unterwerfen (EE 114). Statt – wie
von der Natur vorgeschrieben – aktiv durch *trial and error*
zu lernen, nimmt es passiv hin, was man vorbereitet hat. Es
paßt sich an, genauer: Es lernt die Anpassung. Die Führung
durch «Autoritäten» ersetzt die Begegnung mit der «Gewalt der Verhältnisse». «Was euer Zögling nicht tun soll,
verbietet ihm nicht; hindert ihn daran, es zu tun!» (EE 78)
Und: «Gegen das Wort ‹Es ist nichts mehr da› hat sich niemals ein Kind aufgelehnt, wenn es sie nicht für eine Lüge
hielt.» (Ebenda) Rousseau ersetzt Zwang durch Notwendigkeit, Belehrung durch Erfahrung und macht die Wahrhaftigkeit des Erziehers zur Bedingung des Erfolgs. Er hat
diesem Prinzip eine knappe und treffliche Formulierung
gegeben: «wohlgeordnete Freiheit». (Ebenda) John Dewey
nennt dies später «selected environment». (Dewey 2,4) Der
Erzieher wählt die Situationen, in denen Emile sich frei bewegt.

Die Macht, die der Erzieher durch diese indirekte Erziehung (die ausgewählten, möglicherweise präparierten Reize) auf das Gemüt und den Willen des Emile ausübt, ist größer als die aller autoritären Erzieher, weil er sich nicht gegen sie wehren kann. «Euer Zögling möge stets glauben, er sei der Herr, aber ihr müßt es sein. Keine Unterwerfung ist so vollkommen wie die scheinbar freiwillige, denn man nimmt den Willen selbst gefangen. Ist denn das arme Kind, das nichts weiß, nichts kann und nichts kennt, nicht völlig in euren Händen? Verfügt ihr nicht über alles, was es umgibt? ... Ohne Zweifel soll euer Zögling nur das tun, was er selber will, aber er darf nur wollen, was ihr wollt, daß er es will.» (EE 115)

Dies kann man als tückisch und zynisch verurteilen – als einen krassen Widerspruch zum Wahrhaftigkeitsgebot.[11] Man kann darin umgekehrt Rousseaus Aufrichtigkeit sehen: Über die Macht des Erziehers macht er sich und seinen Lesern nichts vor. Darin ist er Realist – er ist es in so hohem Maß, daß er der entgegengesetzten Wahrnehmung auch stattgibt, ja sie zum Ausgangspunkt der heiklen Eröffnung nimmt: Ein Erziehungsverhältnis könne noch so sorgfältig bedacht sein, wenn der Lehrer befehle und meine, dadurch zu herrschen, täusche er sich. «In Wirklichkeit herrscht das Kind.» (EE 114) Es bediene sich dessen, was der Lehrer fordere, um zu erhalten, was es wolle. «Eine Stunde Fleiß müßt ihr ihm mit acht Tagen Nachgiebigkeit bezahlen.» (Ebenda)

Vor allem aber sollte man in dem zitierten schwierigen Satz (EE 115) die Absicht erkennen, der zweiten Konsequenz der pädagogischen Vorsorglichkeit zu entrinnen: der (für beide) bequemen Erziehung zur Anpassung, also zur Abhängigkeit. Rousseau begründet und bejaht das geschilderte Verhalten des Kindes: «Das Kind liest gewöhnlich besser in der Seele des Lehrers als der Lehrer im Herzen des Kindes, und das muß so sein: Denn allen Scharfsinn, den das sich selbst überlassene Kind auf seine Selbsterhaltung verwandt hätte, verwendet es nun darauf, seine ursprüngliche Freiheit aus den Fesseln seines Tyrannen zu retten ...» (Ebenda) Das Gewaltverhältnis, das Gehorsam will, verdirbt das pädagogische Verhältnis, das Selbständigkeit will. Um ihretwillen mahnt Rousseau zum entschlossenen Verzicht auf persönliche Herrschaft. Dem Erzieher, der aus Angst, die Kontrolle zu verlieren, zu befehlen beginnt, sagt Rousseau jene mühselige und anstößige Wahrheit: «Erhaltet das Kind allein in der Abhängigkeit von den Dingen ... Setzt seinen unbedachten Wünschen (volontés indiscrètes) nie andere als physische Hindernisse oder nur solche Strafen entgegen, die aus dem verkehrten Verhalten selbst hervorgehen.» Und: «Es soll gar nicht wissen, was Gehorsam ist, wenn es etwas tut, und was Herrschaft ist, wenn man für es handelt ... Auf eure Hilfe angewiesen zu sein, soll es als eine Art Demütigung empfinden und den Augenblick ersehnen, in dem es auf sie verzichten kann und ihm die Ehre zuteil wird, sich selbst zu helfen.» (EE 70)[12] Solange Kinder «nur an Dingen und nicht am Willen anderer Widerstand finden, werden sie weder widerspenstig noch jähzornig» (EE 48), ja sie bleiben auch gesünder, werden sie doch nicht vor schlechtem Wetter, vor Schmutz, vor Überforderung bewahrt – sie werden, wie man an den Kindern einfacher Leute sieht, abgehärtet. Strafen, Bloßstellung, auch Beschämung kritisiert Rousseau sowohl an ihren Folgen als auch an ihren Prämissen scharf und wiederholt: In ihnen geht es um Schwächung, nicht um Stärkung des Kindes. Auch Wetteifer, Ehrgeiz, alles, was uns zwingt, uns mit anderen Menschen zu vergleichen, hält Rousseau von seinem Zögling fern. Ein solcher Vergleich «bleibt niemals ohne eine Spur von Haß gegen diejenigen, die uns den Vorrang streitig machen, und geschehe dies auch nur in unserer Einbildung» (EE 248). Daß Jean-Jacques gelegentlich dagegen verstößt – er inszeniert einmal einen regelrechten Wettlauf (EE 141) –, mag man, je nach Laune, entweder Rousseaus Realismus oder der poetischen Lizenz des «Romans» zuschreiben, als den der Autor das Werk bezeichnet.

Die «Erziehung durch die Dinge» steht zunächst im Dienst der Erziehung zur Unabhängigkeit. Aber sie folgt auch der Anleitung der Natur: Die Kinder sind geborene Utilitaristen. Ihren Nutzen nehmen sie durch Tatendrang, Wissensdurst, Ausdauer im Üben wahr. Ohne Anlaß auswendig Gelerntes wird vergessen; Nur-Gehörtes wird nicht wahrgenommen, weil es langweilt; richtiges, aber unverstandenes Wissen hält nicht vor. Fehler hingegen prägen sich durch ihre Folgen ein. Martin Wagenscheins Anregung zu selbständiger Beobachtung und induzierender Deutung hat Jean-Jacques in mehreren eindrucksvollen Beispielen vorweggenommen (etwa am Beispiel der Brechung des in Wasser getauchten Stockes, EE 224 f., oder des Auf- und Untergangs der Sonne, EE 176 f.).

Die bisher aufgezählten pädagogischen Prinzipien haben zwar für den ganzen Erziehungsprozeß Gültigkeit, aber ihnen kommt in den verschiedenen Altersabschnitten verschiedenes Gewicht zu. Daß man das Kind *selon son âge* behandele, könnte geradezu als Zusammenfassung des Erziehungskonzepts von Rousseau gelten.

(5) «Altersgemäße Erziehung»
Stufung / Erziehung wird nicht allein vom Ziel bestimmt / Der richtige Weg als Norm

Die Erziehung wandelt sich notwendig mit dem zu Erziehenden. Von alters her hat man den Erziehungsvorgang in Stufen eingeteilt, und stets hat man die Einteilung mit erfahrbaren und charakteristischen Veränderungen des Kindes begründet, die eine Veränderung des Verhaltens der Erwachsenen fordern: Jetzt kann es laufen, jetzt sprechen, jetzt eine Erklärung verstehen, jetzt sich einer Begründung fügen und so fort.

Auch die Einteilung, die Rousseau vornimmt, folgt solchen Beobachtungen, aber sie trägt zugleich seine Kulturphilosophie aus. Den heutigen Leser erstaunt gleichermaßen die rationale Rigueur seiner Stufung wie die psychologische Subtilität und Stimmigkeit der pädagogischen Folgerungen – was die Annahme nahelegt, die erstere sei um der zweiten willen erfunden. Die auch von Rousseau wahrgenommenen Übergänge und Überlagerungen weichen kunstvollen Unterscheidungen und strengen Abfolgen, und wieder, wie beim *Contrat Social*: damit das Prinzipielle deutlicher hervortrete.

Rousseau unterteilt Kindheit und Jugendalter in vier Phasen: die Kindheit (von der Geburt bis zum dritten Lebensjahr), das Knabenalter (bis zum Alter von zwölf Jahren), die Vorpubertät (von zwölf bis fünfzehn) und die Pubertät, die er auch Jünglingsalter, *adolescence*, nennt und bis zum zwanzigsten Lebensjahr als Erzieher begleitet. (Danach ist er nur noch Ratgeber.) In einer frühen Phase des *Emile* hat er ihnen die Bezeichnung «Alter der Natur», «Alter der *raison*» (was zwischen Verstand und Vernunft changiert), «Alter der Stärke» und «Alter der *sagesse*» (Einsicht) gegeben und damit an seine Kulturtheorie angeschlossen, also – hundert Jahre vor Ernst Haeckel – eine Übereinstimmung von Ontogenese und Soziogenese unterstellt.

Martin Rang hat in dieser Einteilung einen «inneren Konflikt» zwischen zwei Denkrichtungen gesehen, an denen Rousseau teilhabe: zwischen dem Sensualismus der Aufklärung (wie ihn Diderot und Condillac vertraten) und dem «traditionellen Idealismus» (kartesischer Prägung). Es handele sich letztlich um zwei Stufen, und nicht einmal die dürften als reale Entwicklungsphasen verstanden werden, sondern seien als «zwei Schichten der menschlichen Existenz» zu deuten, «die sich nicht eigentlich folgen, sondern einander überlagern». Mit seiner These hat Rang Unstimmigkeiten und Widersprüche zu umgehen versucht, die sich vor allem in der Ausbildung des «pädagogischen Bezugs» ergeben, wenn man die Vierteilung konsequent anwendet.

Die Kennzeichnung und Trennung der Rousseauschen Stufen verdienen jedoch genauso ernst genommen zu werden wie die dabei auftretenden Schwierigkeiten. Rousseau markiert die «Abschnittsgrenzen» (termes de la vie) ja ausdrücklich, *weil* die Übergänge fließend sind und *damit* der Pädagoge sich des von ihm verlangten Wandels bewußt wird. Auch wo eine systematische Beobachtung, also die moderne empirische Entwicklungspsychologie, Rousseaus Darstellung hier und dort korrigiert – Rousseaus «Irrtum» war und ist noch immer fruchtbar. Denn dies ist die Botschaft dieses «Irrtums»: (1) Jedes Alter hat ein Recht auf die ihm gemäße Erziehung (in unseren Einrichtungen räumen wir es allenfalls den Vorschulkindern und den Grundschulkindern ein; den Zwölf- bis Sechzehnjährigen versagen wir es gründlich). (2) In jedem Alter ist das Kind richtigerweise das, was es ist; es ist nicht «unvollkommen»; es darf nicht an dem gemessen werden, was es später sein soll und sein kann. Gewiß enthalten die einzelnen Phasen immer alles – physische, sexuelle, emotionale, soziale, intellektuelle Entwicklung. Aber in Rousseaus entschiedener Einteilung treten die einzelnen Elemente deutlicher hervor, und wir erkennen nun zum Beispiel, daß wir in einem bestimmten Abschnitt auch das «Gefühl erziehen» müssen oder, was es bedeutet, die Sinne sich nach eigenem Gesetz entfalten zu lassen, oder daß die Bildung des Glaubens meist viel zu früh in unverstandenen Begriffen und angelernten Bedürfnissen endet.

Erste Stufe: Das noch nicht oder
unvollkommen sprechende Kind

Die Schwäche des Neugeborenen gepaart mit der Fähigkeit zu lernen ist des Kindes entscheidende Lebenschance. Käme es mit «der Größe und der Stärke eines ausgewachsenen Menschen» auf die Welt, es stürbe aus Mangel an Erfahrung (heute sagt man gern «Weltwissen» dafür) oder richtete furchtbaren Schaden an. (EE 42 f.) Seine Bedürftigkeit und sein natürliches Wachstum stellen das pädagogische Programm der Erwachsenen dar: Man muß ihm den Gebrauch seiner geringen Kräfte lassen (und nicht etwa nehmen: es nicht wickeln, nicht einsperren, nicht beengen: «Das Kind will alles berühren – hindert es nicht!» (EE 46); man muß ihm beistehen in allem, worin es ihm an Wissen und Kraft mangelt; man muß diese Hilfe auf die Befriedigung des natürlichen und notwendigen Verlangens beschränken, um keine «Launen», keine unvernünftigen und unbegründeten Wünsche (désirs sans raison) zu nähren; man muß sorgfältig auf den Ausdruck des Kindes achten, um zwischen beidem zu unterscheiden. «Diese Regeln haben den Sinn, den Kindern mehr wahre Freiheit und weniger Herrschaft einzuräumen, sie mehr von sich aus tun und weniger von anderen fordern zu lassen.» (EE 51) Das Kind ist darauf angewiesen, seine Kräfte zu entwickeln – man bediene es also nicht.

Zweite Stufe: Der Knabe

Die «Grenzscheide» begründet Rousseau wieder mit einer allgemeinen Reflexion über Schwäche und Stärke, Glück und Unglück, Güte und Bosheit. Er tut es in fünf Sätzen: (1) Ein Wesen, dessen Bedürfnisse seine Kraft übersteigen, ist schwach. (2) Je mehr der Mensch seinem natürlichen Zustand treu geblieben ist, um so geringer ist der Abstand zwischen seinem Vermögen und seinen Begierden und um so weniger unglücklich ist er. (3) Die Wirklichkeit hat Grenzen, die Welt der Einbildung ist grenzenlos, und da wir die erste nicht erweitern können, sollten wir die zweite einzuschränken suchen, um so das Mißverhältnis zu verringern oder zu beseitigen. (4) Ein wahrhaft freier Mensch will nur das, was er kann. (5) Eltern in gesicherten Verhältnissen wecken in ihrem Kind mehr Bedürfnisse, als es tatsächlich hat – so schwächen sie es, zumal wenn sie es ihrem Willen unterwerfen, statt es seinem eigenen folgen zu lassen, so daß es an dem Mißverhältnis wenigstens etwas lernt. (EE 64–69)

Diese Überlegungen legen dem Jean-Jacques die Drosselung der Einbildungskraft seines Emile nahe – zugunsten der Erfahrung. Rousseaus Folgerung mutet uns heute besonders befremdlich an, uns, die wir in immer neuen Schüben von der Hirn-, Lern- und Lernerfolgsforschung zur Nutzung der frühen Lernphasen aufgefordert werden. Vermutlich aber ist Rousseaus Besorgnis mit der unseren weitgehend identisch. Sie gilt der mangelnden Anregung der Entwicklungspotentiale. «Einbildungskraft» (fantaisie) steht bei Rousseau für das, was wir Verkopfung, verbale Belehrung, Überforderung des Gedächtnisses einerseits und «Anspruchshaltung» andererseits nennen. Ihnen hält Rousseau die Stärkung des *amour de soi*, die Vitalität, die Ich-Stärkung durch Erlebnisstärke, die primäre Motivation entgegen: «... daß ein Kind nichts nur tue, weil andere es von ihm erwarten.» (EE 79) «Unsere ersten Pflichten sind Pflichten gegen uns selbst.» (EE 85) – Und nur, indem wir diese wahrnehmen, erfahren wir etwas über die Substanz der Pflichten überhaupt. «So ist auch unser erstes Gerechtigkeitsgefühl nicht auf das gerichtet, was wir anderen, sondern auf das, was andere uns schulden.» (EE 86) Die Übertragung lernt das Kind später. Aus der Erfahrung der «physischen Verhältnisse» (EE 153) kommen die Anlässe und der Stoff für die Urteilskraft, die auf dieser Stufe vor allem ausgebildet wird. Sie ist darum in erster Linie der körperlichen Ertüchtigung, der Geschicklichkeit, der Schärfung der Wahrnehmung gewidmet – durch *trial and error*, Arbeit, Erkundung, Nachahmung, Spiel, Tanz. Die Belehrung, die Emiles Altersgenossen in Erdkunde, Geschichte, Alten Sprachen erhalten, werden verhöhnt, weil sie das Kräfteverhältnis stören, weil sie jetzt nicht «dran» sind. Dagegen übt Emile seinen Verstand gründlich in der Mathematik und lernt «nützliche von unnützen Kenntnissen unterscheiden» (EE 173). Am Ende dieser Phase werden andere in Jean-Jacques' Zögling nicht mehr als einen Gassenjungen sehen, aber dieser kann ihnen auf Anhieb sagen, wo der Drache steht, der den Schatten hier auf die Wiese wirft! (EE 168) Er unterscheidet sich gründlich von den «wandelnden Puppen», als die seine Altersgenossen erscheinen, «deren Reisen sich von einem Zimmer ins andere erstrecken, die im Sandkasten spielen und Pappschachteln hin- und hertragen.» (EE 172)

Dritte Stufe: Das erstarkte Kind vor der Pubertät
Auf dieser Entwicklungsstufe überholen[13] die körperlichen Kräfte und Fähigkeiten die Bedürfnisse, Vorstellungen, Erwartungen. Emile ist jetzt zwölf oder dreizehn. Damit bricht «die Zeit des [systematischen] Arbeitens, des Unterrichts, der Studien an» (EE 171). Der Globus und die Himmelskunde, der Bernstein und der Magnetismus, gepreßte Luft und die Wirkungen der Flüssigkeiten beschäftigen ihn. «Sachen! Sachen! und nicht Wörter.» «Der Anschein der Wissenschaftlichkeit tötet die Wissenschaft» (EE 185) und: «Das Übel besteht nicht darin, daß er [etwas] nicht versteht, sondern daß er glaubt, es zu verstehen» (EE 193), – das könnte Martin Wagenschein gesagt haben. Alles wird von den Fragen angeleitet: Wozu taugt dies? Und: Warum glaube ich das? (EE 226)

In dieser Frageweise bestätigt ihn die Lektüre von Daniel Defoes *Robinson*. Es ist das erste Buch, das Emile liest, und wird lange das einzige bleiben, denn «Bücher lehren nur von demjenigen reden, was man nicht weiß» (EE 197). Am *Robinson* lernt Emile jene schon erwähnte Kunst, nützliche von unnützen Kenntnissen zu unterscheiden. «Das sicherste Mittel, sich von Vorurteilen zu befreien …, ist, sich in die Lage eines völlig isolierten Menschen zu versetzen.» (Ebenda) So wird man angehalten, die Dinge nach ihrer tatsächlichen Brauchbarkeit zu beurteilen, Glas höher zu schätzen als einen Diamant, Eisen höher als Gold, sofern die letzteren nicht einen besonderen Zweck erfüllen. Die Meinung der Menschen über die Dinge soll Emile erst auf der nächsten Stufe kennenlernen – in Anerkennung der Tatsache, daß der Mensch des Menschen wichtigstes «Werkzeug» ist (EE 199). Hierüber, also über die Ansichten, Einschätzungen und Verhältnisse, die durch die Gesellschaft entstehen, wird auf dieser Stufe mit Emile nicht gesprochen. «Von der Regierung soll er nur das wissen, was sich auf das Eigentum bezieht» (EE 203), von dem er schon einen Begriff hat und zwar durch seine Gartenarbeit. Diese hat er neben anderen Handwerken gelernt, die ihm ermöglichen, sein Leben selbst zu erhalten. Er weiß allgemein mit Spaten, Hacke, Säge, Axt, Drehbank, Hammer, Hobel, Feile umzugehen – soll aber *ein* Handwerk gründlich lernen. Jean-Jacques bevorzugt das Tischlerhandwerk; die Schneiderei lehnt er als ungesund ab.

Am Ende dieser Phase ist Emile arbeitsam, mäßig, geduldig, kräftig, mutig und vor allem urteilsfähig; sein Herz ist *sans passions*; er ist nicht *instruit* (belehrt, gelehrt), aber *instruisable* (belehrbar); er hat wenig Kenntnisse, aber sie sind wirklich seine eigenen, weil er weiß, wozu er sie hat. Adorno hätte seine Theorie der Halbbildung mit Sätzen aus dem *Emile* schmücken und belegen können.

Vierte Stufe: Die Reifezeit

In diese Phase fällt unsere «zweite Geburt» (EE 230). Aus dem handelnden und denkenden Wesen wird nun auch ein liebendes und empfindendes. Durch das Auftreten einer neuen natürlichen Neigung sieht sich Rousseau veranlaßt, auch erneut über die Unabhängigkeit, über das Verhältnis von Bedürfnis und tatsächlichem Vermögen, über den einzelnen und seine Beziehung zu den anderen nachzudenken. Nachdem die Selbständigkeit Emiles erst gegenüber den Hilfen der Erwachsenen (die diese in Machtmittel verwandeln), sodann gegenüber deren Ansichten und Erwartungen, schließlich gegenüber dem Zwang zum Lebensunterhalt mit sorgfältigen Maßnahmen bewahrt worden ist, droht nun die ernsteste aller Abhängigkeiten – die von der geliebten Person. Jean-Jacques hat Emiles Selbstliebe bejaht und bekräftigt. Sie dient der Selbsterhaltung und «entspricht damit der Ordnung» der Natur. Einen Grund, Emile vor der Liebe zu anderen bewahren zu wollen, gab es bisher nicht; diese war nur die Folge der Selbstliebe. Wir lieben, was unserer Selbsterhaltung dient. «Jedes Kind hängt an seiner Amme. Romulus mußte an der Wölfin hängen ... Die offen zutage tretende Absicht, uns zu nützen oder zu schaden, verwandelt diesen Instinkt in ein Gefühl – die bloße Verbundenheit in Liebe, die bloße Abneigung in Haß.» (EE 231) Aber jede Zunahme der Verbindungen läßt Emile Vergleiche anstellen, und schon diese entfachen die Eigenliebe (ebenda), über die sich Rousseau hier ausführlich äußert – die Gedanken aus dem *Zweiten Discours* aufnehmend. (D II 168 f., Fn. O)

Vollends das Bedürfnis nach einer Gefährtin – und im Gefolge davon nach einem Freund – löst einen Sturm von bisher nicht gekannten Leidenschaften aus: Eifersucht, Selbstzweifel, Neid, ja Haß. Mit geschlechtlicher Aufklärung ist hier nicht viel getan. Jean-Jacques hat sie bewußt vorweggenommen, um sie nicht erst geben zu müssen, wenn das Haus schon brennt. Er hat es in sehr nüchterner Form getan, deren Absicht die allzu taktvollen Übersetzer verfehlen. Rousseau berichtet, eine Bekannte habe auf die Frage ihres Sohnes, woher die Kinder kämen, geantwortet:

«Die Frauen pissen sie heraus wie du neulich deinen Bla-
senstein – unter großen Schmerzen.» (EE 238)[14] Rousseau
fand die Antwort trefflich – nämlich wahrhaftig und ausrei-
chend für ein Kind, das seine Schwester wie seine Uhr und
seinen Freund wie seinen Hund liebt. Jean-Jacques selber
könnte sie seinem Emile gegeben haben.

Nun aber kommt eine heftige und beunruhigende Regung auf, und sie hängt mit dem Kinderkriegen zusammen.
Emile, der zu niemandem gesagt hat: «Ich liebe dich», bevor er weiß, was Liebe heißt (EE 243), muß jetzt nicht so
sehr diesen Zusammenhang als vielmehr die Ordnung und
die Sprache der Gefühle lernen. Das kann er nur in einer
gewandelten Beziehung zu Jean-Jacques: Aus dem Erzieher wird der Freund – und das erreicht dieser durch einen
radikalen Wandel des Umgangs. Er «fesselt» Emile an sich
– durch Neigung, Dankbarkeit, den Gleichklang und die Of-
fenheit der Vernunft. (EE 365) Er ersetzt die bisherige
Sachlichkeit ihrer Beziehung durch persönliches Vertrau-
en. Dem jungen Mann eigene Schwächen zu zeigen (EE 388)
gehört ebenso dazu wie dessen «Privatsphäre» zu respek-
tieren (er hütet sich, plötzlich in Emiles Zimmer zu erscheinen, EE 373). Er schließt mit ihm einen Vertrag, der es
Emile erlaubt, dem Jean-Jacques in allem arglos zu folgen:
«Du versprichst mir, folgsam zu sein, und ich verspreche
dir, deinen Gehorsam nur zu benutzen, um dich so glücklich wie möglich zu machen ...» (EE 378)

Dieser Wandel der Beziehung ist die erste und wichtigste
von sechs Maßnahmen, die Emile helfen sollen, der be-
drängenden Leidenschaft gewachsen zu sein, das heißt zu
lieben *und* selbständig zu bleiben:

• Die Leidenschaften verdrängen zu wollen ist unsinnig;
  aber es ist möglich, ihr Entstehen zu verlangsamen, sie

dadurch ihrer Heftigkeit zu berauben, sie auf Dinge zu lenken, die die Sinnlichkeit nicht unnötig entzünden: Sport, Jagd, Wandern; am besten, man zieht mit Emile aufs Land. (Kurt Hahn hat aus dem, was bei Rousseau allenfalls Ablenkung ist, die «giftlosen Leidenschaften» gemacht, die dem jungen Menschen helfen sollen, die Pubertät «unbeschädigt» zu bestehen.)

- Man sollte der zweiten ursprünglichen Regung (neben der Selbstliebe) Nahrung geben: dem Mitleid. Man lasse seinen Emile das Schicksal Kranker, Gestrauchelter, Verurteilter miterleben, so daß ihn Rührung befalle. (EE 254) Mit dieser Mahnung folgt Rousseau der Einsicht, daß man auf Leidenschaften nur durch Leidenschaften einwirken könne. (EE 378) Einen Rächer des Unrechts, einen irrenden Ritter, einen barmherzigen Bruder aus Emile zu machen, hat er nicht vor. (EE 279, 254)

- Emile soll nun die Menschen sehen lernen, wie sie sind. Nach dem «naturwissenschaftlichen» Programm der vorigen Stufe folgt die «geisteswissenschaftliche» oder «humanistische»: Literatur und vor allem die Geschichte bilden das Pensum – Herodot, Thukydides, Plutarch (EE 266 f.); an deren Darstellung soll er als Beobachter, nicht als Ankläger oder Mitschuldiger lernen, was die *conditions humaines* sind.

- Endlich gibt er dem Emile auch Begriffe, Ideen und eine Vorstellung vom Ganzen, also «Religion». «Das Glaubensbekenntnis eines Savoyischen Vikars», das die Hälfte des vierten Buches des *Emile* ausmacht, bietet nicht nur ein Maß dafür, was einem jungen Menschen hier geschuldet ist, sondern auch ein Muster dafür, wie man dabei vorzugehen habe.

- Schließlich: Die ersehnte Gefährtin wird mit größtem Bedacht gesucht. Dazu muß Emile sie sich vorstellen. Jean-Jacques läßt ihn sich in ein Bild, in eine gedachte Person verlieben, «wie sie in der Wirklichkeit nicht so leicht zu finden ist» (EE 381), und bleibt damit Herr über alle Vergleiche, die Emile in der Wirklichkeit anstellt. Er scheut sich darum auch nicht, dem Emile das Liebesgefühl als das höchste Glück darzustellen, erstens «weil es das wirklich ist», sodann weil Emile nun seine Gefühle genau prüfen, Liebe nicht mit Liebschaft verwechseln wird. EE 378) Mit diesen Maßnahmen leitet Jean-Jacques die Erziehung des «natürlichen» Emile in die des Mitglieds der Gesellschaft über, die in dem letzten, dem fünften Buch des *Emile* geschildert wird und mit der Darstellung und Erziehung der Sophie beginnt, die Emile heiraten wird.

(6) «Die Erziehung zum Bürger»
Vorbereitung auf den état civil

«Emile ist nicht geschaffen, stets für sich allein zu leben. Er ist ein Glied der Gemeinschaft und muß seine Pflichten gegen sie erfüllen ...» (EE 379). Wird er das können nach einer Erziehung, die vor allem darauf angelegt war, ihn selbständig, sich selber treu und stark zu machen – stark nach Rousseaus Definition: seinen Bedürfnissen gewachsen? Auch dem Jean-Jacques scheint mit den dazu getroffenen Maßnahmen der vierten Stufe der gewünschte Ausgang noch nicht gesichert zu sein.

Daß die Menschenkennntnis, die Emile aus der Lektüre der großen Historiker, Dichter und Philosophen gewonnen hat, nicht für das Bestehen in der gesellschaftlichen Wirklichkeit genügt, daß sie der Prüfung, der Bewährung, der Anwendung bedarf, liegt auf der Hand. Wenn Jean-Jacques – anders als John Locke, der seinen jungen Edelmann am Ende seiner «Gedanken über die Erziehung» (§ 212) in dem Augenblick, in dem dieser sich anschickt zu heiraten, der Braut überläßt – seinen Emile weiter als Mentor begleitet, dann erwartet man billigerweise eine Art Gesellschaftspraktikum: Reisen in andere Länder, ein Volontariat in der öffentlichen Verwaltung, eine Lehrzeit als *private secretary* eines Ministers, als *attaché* eines Botschafters, wie sie Rousseau selber in Venedig durchgemacht hat. Ist Emile auf diese Weise aus der ihm zuteil gewordenen Sonderwelt in die Welt seiner Zeit eingeführt, mag Jean-Jacques seine Aufgabe als vollendet ansehen, und Emile kann heiraten.

Rousseau verfährt anders: Er benutzt die Begegnung mit Sophie, der dem Emile bestimmten Frau, um ihn – in dieser ersten freiwilligen und zugleich vollständigen Bindung an einen anderen Menschen – die Kostbarkeit und die Probleme von Bindung unter Menschen überhaupt erfahren und bewältigen zu lassen, also auch jener Bindung, die Emile mit der großen Vertragsgemeinschaft, der Gesellschaft eingeht. Außer der zu seinem Erzieher hat er bisher keine andere Bindung gekannt.

Schon am Ende der vierten Stufe hatte Rousseau die Suche nach Sophie so begründet: «Führe ich Emile in die Welt ein, nur in der Absicht, ihn zu unterrichten, so wird er sich mehr unterrichten, als mir lieb ist. Halte ich ihn bis zuletzt von der Welt fern, was hat er dann von mir gelernt? Alles, nur nicht die Kunst, die dem Menschen und Bürger [!] am meisten vonnöten ist: die Kunst mit anderen zu leben.» (EE 380)[15]

Abhilfe sieht Jean-Jacques nun in Emiles erwachendem Verlangen nach einer Gefährtin. Platon, der sonst so treffliche, habe den großen Verlust übersehen, den die Menschen in seiner *Politeia* erleiden, wenn dort die Zeugung der Nachkommenschaft über die Liebe der Personen gestellt werde: «... als ob die Liebe, die man für seinen Nächsten fühlt, nicht das Prinzip der Liebe wäre, die man dem Staat schuldet!» (ER 730)

So folgt auf die Pädagogik der Unabhängigkeit eine «Pädagogik der Liebe», wie Martin Rang formuliert hat (ER 83), aus der – so muß man hinzufügen – eine Erziehung zum Bürger hervorgeht, freilich eine so begrenzte, daß man sich am Ende eine andere Bezeichnung auszudenken geneigt ist.

Im fünften Buch des Emile wird zunächst die Erziehung der Sophie vorgestellt – nicht so sehr die Maßnahmen und Vorgänge als vielmehr deren Ergebnis. Das in ihr verkörperte Ideal (ER 788 ff.) ist teils Gegenbild zu den Unarten der Frauen in der zeitgenössischen Gesellschaft (deren Geziertheit, Verweichlichung, Putzsucht, Gelehrsamkeit, Koketterie gehen ihr ab), teils eine Komplementärgestalt zu Emile (anders als Emile ist sie nicht reich, und wie er ist sie anspruchslos, abgehärtet, «wäscht sich mit einfachem Wasser und kennt nur Blumen als Parfüm», ER 792); anders als Emile ist sie nicht schön, aber wie er gewinnt sie die Herzen; anders als Emile hat sie fast nichts gelesen, aber sie verfügt wie er über eine gute Urteilskraft; «sie will nicht die Lehrerin ihres Gatten sein, sondern seine Schülerin» (ER 821); Emile und Sophie sind «füreinander gebildet» (ER 813). Das erklärt, warum Sophie in der Geschichte der Pädagogik keine Bedeutung gewonnen hat – sie ist eher von kulturgeschichtlichem und vor allem von dramaturgischem Interesse.

Das Drama, um das es auf über hundert Seiten geht, ist

das der Bindung. Emiles Leben fängt an, um Sophie zu kreisen. Er liebt sie heftig, aber er kennt sie noch nicht. In der Zeit, die es dazu braucht, gerät er in unerwartete Nöte – einen Strudel aus Ungeduld, Übereifer, Unbeholfenheit, spontanen, heftigen, falschen Reaktionen. Er lernt mühsam die Dialektik der Rücksichten, die den anderen bedrängen statt zu entlasten, der Bekenntnisse, die den anderen verpflichten und verschüchtern, statt ihn zu erfreuen, der Opfer, die den anderen fesseln, statt ihn zu befreien. Und so wird der erwachsene Emile noch einmal erzogen – nicht mehr durch die Dinge, sondern durch die Folgen der eigenen Gefühle, durch eine Beziehung, die ihn mit ganz neuen Erfahrungen konfrontiert: mit der sozialen Ungleichheit (ER 846); mit Zweifeln an der eigenen Würdigkeit (ER 845); mit der Widerstandslosigkeit und Nachgiebigkeit des (eigentlich doch selbstbewußten) Mannes gegenüber einer jungen Frau und dem eigenen Gefühl (ER 862); ja, mit einer «Unterwerfung» und tiefen Schwächung seiner bisher so freien und starken Person. Diese «Erziehung» wird durch die Mahnungen seines Freundes Jean-Jacques unterstützt, der ihn die Flüchtigkeit der Sinnesfreuden, die Zerbrechlichkeit des Glücks, die Dauerhaftigkeit der Pflichten bedenken läßt, die Emile nun eingeht (ER 892/894), und der ihm die Voreiligkeit, das Ungestüm seiner Werbung tadelnd vorhält (ER 890/893). Jean-Jacques ist nun zugleich Widerpart und Partner.

Nach einem einzigen Sommer des spannungsreichen Vor-Glücks entreißt ihn Jean-Jacques der Sophie, damit er sich und sie prüfe, die Seele ordne, die große Bindung in großer Ruhe eingehe. «Wenn du ein Familienoberhaupt wirst, wirst du ein Glied des Staates. Weißt du, was das heißt? ... Weißt du, was Regierung, Gesetz, Vaterland sind?

… Bevor du einen Platz in der bürgerlichen Ordnung einnimmst, lerne sie kennen.» (ER 894) Emile willigt nach kurzer Auflehnung ein. Binnen acht Tagen gehen Emile und Jean-Jacques auf Reisen.

Reisen in fremde Länder – das ist *eine* Antwort der gehobenen Stände jener Zeit auf die Fragen, die Jean-Jacques soeben seinem Emile gestellt hatte. Bei John Locke heißt es, solche Reisen fänden «gewöhnlich» zwischen dem sechzehnten und einundzwanzigsten Lebensjahr statt (§ 212); als daraus zu ziehenden Gewinn nennt er außer der Übung in den fremden Sprachen die Bekanntschaft mit Leuten jeder Art, wodurch die Sicherheit des Verhaltens gestärkt werde, und das Studium der «Gebräuche, Sitten, Gesetze und Regierungsform» des jeweiligen Landes (§§ 212/215).

Rousseaus Absichten reichen weiter. Bevor Emile eine bewußt bescheidene Existenz gründet, sich in sorgfältig begrenzten Verhältnissen einrichtet, soll er erfahren, was er damit tut. Der Blick in die Welt wird noch einmal die Freiwilligkeit seiner Bescheidung erhöhen, der Verzicht aus Unkenntnis weicht dem Verzicht aus Vergleich und Einsicht. Er wird einerseits an der Fremde die Heimat schätzen lernen, andererseits den Hochmut ablegen zugunsten der Neugier eines Herodot oder Plinius (ER 904); er soll schließlich in Europa frei den Ort aussuchen, an dem er meint, glücklich, vor allen Gefahren behütet mit seiner Familie leben zu können (ER 911); ja, er soll den «Vertrag» kündigen können, der ihn an die Gemeinschaft des Landes bindet, in dem er geboren ist: Er kann auf sein Vaterland verzichten, wie er auf sein väterliches Erbe verzichten kann (ER 907).

Er wird nicht blind irgendwohin reisen. Er wird durch die vorher erworbenen Kenntnisse angeleitet – und vergleicht nun die heutigen Griechen mit denen von einst, die Schilderungen der Germanen durch Tacitus oder der Spanier durch Cäsar mit dem, was er sieht; wenn er die Charaktere und Lebensformen der Völker und die Regierungsformen der Nationen beobachtet, hat er Montesquieus Abhandlung vom «Geist der Gesetze» dabei (und gleichsam auch den *Contrat Social*, der hier für ihn auf wenigen Seiten rekapituliert wird, ER 916 ff.). Von Sprachen ist wenig die Rede und gar nicht von den ja auch lehrreichen Strapazen des Reisens – von Verständigungsproblemen, Geldnöten, Orientierungsschwierigkeiten, schlechten Straßen und schlechten Herbergen, ermüdeten Pferden und unbequemen Kutschen, unbekannten Lebensmitteln und Darmbeschwerden.

An die Frage, wo Emile gerne lebte, schließt sich die Frage nach der gewünschten Berufstätigkeit an. Auf Jean-Jacques' Vorschläge reagiert Emile indigniert: Er brauche keinen Beruf. Sein Stolz sei, wohltätig und gerecht zu sein, sein Glück, in Unabhängigkeit und mit dem Wesen zu leben, das er liebe, sein einziger Bedarf ein kleiner Meierhof: «Sophie und mein Feld – und ich werde reich sein.» (ER 910)

Zwei Jahre wird die Reise am Ende gedauert, sich auf «einige der großen und viele der kleinen Staaten Europas» beschränkt haben. Dann wird Emile vor Jean-Jacques treten, den er nun «mein Vater» anredet, und das Fazit ziehen: «Überall, wo Menschen sind, bin ich bei meinen Brüdern, überall, wo keine sind, bin ich zu Hause.» (ER 939) Er wird hinzufügen: «Ich habe nur eine Fessel, die einzige, die ich immer tragen werde … Geben Sie mir Sophie, und ich bin frei.» (ER 940)

Am Tage der Hochzeit hält Jean-Jacques den beiden eine Rede, die auf den Punkt bringt, worum es auch im fünften

Buch des *Emile* geht: um Selbstbestimmung – nun sogar in der Liebe: «Vergeßt beide nicht, daß ihr beide frei seid!» (ER 949) Und: «Immer Herr über seine Person und über seine Liebesbeweise, soll jeder das Recht haben, sie dem anderen nur nach eigenem Willen zu geben.» (ER 948) Von der bereisten Welt, von den Erfahrungen «draußen» verliert Jean-Jacques kein Wort mehr.

Der *Emile* begann mit der Überlegung, daß ein Mensch, den man sich selbst überließe, also ein wilder Junge von Aveyron,[16] «der entstellteste von allen» wäre: Die künstliche Welt, in der wir leben, würde die Natur in ihm ersticken. (ER 11 und 285) Bis zum Ende des vierten Buchs und der ersten zwei Lebensjahrzehnte kennt Emile diese Welt nicht. Für wie wirksam darf man die Initiations-Maßnahmen der im fünften Buch geschilderten Lebensphase halten? Die Reisen werden möglicherweise mehr «Wirklichkeit» einbringen als dem Entwurf von Rousseau zu entnehmen ist: Sie sind voller Wechselfälle und Anstrengungen, und ihr Ertrag ist weniger planbar, als der Autor zu unterstellen scheint – und eben dadurch könnten sie Emile ertüchtigen. Die Politik aber bleibt in dieser Phase so theoretisch, wie sie es vorher war – politische Probleme und politische Praxis kommen nicht vor; Emile hat keine einzige politische Entscheidung zu treffen, keinen politischen Streit durchzustehen, keine politische Verantwortung zu schultern; er ist in keinen politischen Konflikt, keine Revolution, keinen Krieg geraten. Die Liebe zu Sophie schließlich belehrt Emile mehr über sich als über die *conditions humaines*, aus der Trennung werden keine Konsequenzen gezogen.

Sein eigentliches Vorhaben löst Rousseau jedoch ein: Er hat am Ende Emile zu einem sich beschränkenden, glück-

lichen, der Bedingungen seines Glücks bewußten Mann gemacht, der den Contrat Social schließen könnte und vermutlich schließen würde. Emile ist kein politischer Akteur,
der der Macht trotzt, die Verhältnisse verändert, Entwürfe
für die Welt von morgen macht. In Rousseaus von gesellschaftlichen Unarten wie von gesellschaftlichen Zwängen
freiem Bürger finden wir ein Gegenbild sowohl zu unserem
politischen Funktionär wie zu unserem sozialen Mitläufer.
Der *homo politicus*, so läßt uns Rousseau in vorrevolutionä-
rer Unbefangenheit wissen, ist ohne den Vertrag zugunsten
der «Freiheit durch das Gesetz» – also ohne die prinzipielle
Freiwilligkeit seines Bürgerseins – nicht erstrebenswerter
als der Untertan.

(7) «Die natürliche Religion»
Die Bestätigung der Empfindung durch die Vernunft /
Das Recht des Zweifels / Das Gebot der Toleranz

Die Forderung nach einer «natürlichen Religion», die hier
als das siebente Prinzip in Rousseaus Pädagogik der Unabhängigkeit und Wahrhaftigkeit dargestellt wird, beschließt
und krönt diese. Das muß ausdrücklich gesagt und begründet werden, denn Rousseau hat den Gedanken zwar an seinen Ort in Emiles Entwicklung gestellt, gibt ihm aber keine
Wirksamkeit darüber hinaus. Daß er die Darstellung des
Emile zugedachten Glaubens «als eine eigene Abhandlung
geplant» habe, wie Martin Rang weiß (ER 990), erklärt dies
– es erklärt nicht, warum der Glaube auf den weiteren drei-
hundert Seiten des *Emile* keine erkennbare Rolle spielt.
Dabei sind die Begründung und Klärung des Glaubens für
Rousseaus pädagogisches Konzept ebenso unentbehrlich
wie für sein politisches.

Im *Contrat Social* schildert Rousseau im letzten Kapitel (CS IV,8) das, was er die *religion civile*, die staatsbürgerliche Religion nennt, die auch uns neuerdings als Zivilreligion wieder beschäftigt (R. N. Bellah, Ph. E. Hammond, R. Schieder). Er unterscheidet dort drei «Gattungen» von Religion: die staatsbürgerliche (richtiger wohl immer «staatliche»), die reine und die priesterliche. Die erste Bezeichnung gilt den Religionen, die mit dem Selbstbewußtsein der einzelnen Nationen identisch sind und sich in der Einheit von staatlicher und geistlicher Macht ausdrücken. England und Rußland, deren Oberhäupter auch das höchste geistliche Amt innehaben, sind seine Beispiele hierfür. Ihre Dogmen, Gebräuche, Einrichtungen sind vorgeschrieben; die religiösen Pflichten und Rechte reichen nicht über den Lebensbereich des jeweiligen Volkes hinaus; sie missionieren nicht, sie erobern. Die zweite Bezeichnung gilt den Religionen, die in den Glaubensvorstellungen und -taten der einzelnen Personen aufgehen und die keine Tempel, Altäre und «kirchlichen» Einrichtungen brauchen. Das ursprüngliche Christentum («nicht das heutige») ist sein Beispiel hierfür. Die dritte Bezeichnung gilt den Religionen, die den Gläubigen zwei Vaterländer, zwei Oberhäupter, zweierlei Pflichten nebeneinander zumuten: geistliche und staatliche. Die römisch-katholische Kirche, die Religion der Lamas oder Japans sind ihm Beispiele hierfür.

Die Nachteile der letzteren für die staatliche Gemeinschaft scheinen ihm so evident, daß er sie keiner weiteren Erörterung würdigt, und die vom Staatskörper gänzlich losgelösten reinen Religionen nützen dem Staat nicht, ja, sie machen ihn wehrlos oder geraten gar in Konflikt mit ihm. Die erstgenannte Form der Religion – die auch die älteste ist – ist weder unpraktisch und gegen den Staat gleichgültig wie die zweite noch gebieterisch und gegen die innere Glaubenswahrheit der einzelnen Menschen gleichgültig wie die dritte. In einer vernünftigen «Verfassung» kann sie eine vernünftige Funktion haben. Der Contrat Social, den Rousseau entworfen hat, räumt dem Träger der Staatsgewalt nichts ein, was jenseits des Zweckes des Staates liegt. Dieser hat ein Interesse daran, daß seine Bürger sich zu einer Religion bekennen, die sie die Gesetze achten lehrt, im übrigen mögen sie glauben, was sie wollen, sofern ihr Glaube sie gegen andere tolerant sein läßt. Das oberste Gebot der *religion civile* lautet: Keine Unduldsamkeit!

Insofern sei die *religion civile* eher eine Art Gemeinschaftsgefühl (sentiment de sociabilité), heißt es auf der vorletzten Seite; fehlt dieses, werde man weder ein guter Staatsbürger noch ein treuer Untertan sein können. Ganz ohne Glauben an eine mächtige, weise und fürsorgliche Gottheit vermag sich Rousseau ein beständiges Gemeinwesen nicht vorzustellen und wird das im «Glaubensbekenntnis eines savoyischen Vikars» begründen. Der Vertrags-Gedanke selbst reicht offenbar nicht aus; der Staat bedarf eines Vertrags-Gefühls – einer inneren Verfassung der Bürger –, das sie in Übereinstimmung mit dem Universum versetzt oder beläßt. Darum spricht Rousseau von einer staatsbürgerlichen «Religion» und sorgt hier, im vierten Buch des *Emile*, wo die moralische Erziehung einsetzt, dafür, daß Emile diese versteht und sich zu eigen macht.

Schon wenn Emile nur seine natürliche Freiheit in der Gesellschaft bewahren will, muß er gegen Glaubensnötigung gefeit sein. War die Liebe die flagranteste Gefahr für seine Unabhängigkeit, so ist die Vereinnahmung durch die Religion die tückischste, weil man sie nicht als Gefahr erkennt. Vollends wenn Emile den Contrat Social schließen soll, muß er sich vor Skeptizismus und zynischer Beliebigkeit, vor Schwärmerei und Mystizismus hüten. Er muß wissen, was er glaubt und warum.

Jean-Jacques' Religion ist wie die *religion civile* einfach und beruht auf Erfahrungen und Überlegungen, die jedermann zugänglich sind. Emile wird diesen im sechzehnten Lebensjahr zugeführt. An keiner Stelle von Rousseaus pädagogischem Entwurf ist die «Konstruktion-zum-Zweckvon» so deutlich wie hier. Der Leser soll lernen, daß nichts empfindlicher gegen die Überwältigung durch Begriff und vorgegebene Vorstellung ist als die Entstehung des Glaubens, gibt es doch für dessen «Wahrheiten» keine Evidenz in der gemeinsamen Erfahrung. Der Glaube gilt dem, was hinter der intelligiblen Welt steht: dem Ursprung, dem Ziel, der Ordnung und dem Sinn des Ganzen, der Seele, dem Heil, dem Gewissen des einzelnen. Wörter und Bilder für die *causa prima*, also für Gott, können die Erwachsenen dem Kind einpflanzen – es kann, will und wird sich dessen nicht erwehren. Und dann ist es eines Tages selbst davon eingenommen: «Gott – allgütig, allwissend, allgegenwärtig, allmächtig», «wir Christen», «wir Protestanten», «unsere Sündhaftigkeit», «unsere Erlösung», «meine Seele», «mein Schicksal», «das ewige Leben» – «die Ungläubigen», «die Unerlösten», «die ewige Verdammnis».

Wenn wir Erwachsenen nach unseren Überzeugungen (jüdischen, christlichen, muslimischen, humanistischen) leben, werden die Jungen «daran» glauben; an der Wahrnehmung unserer Bemühung, unserer Zuversicht, unserer Demut werden sie teil- und genug haben. Beginnen sie von sich aus zu zweifeln oder nachzufragen, sind sie so weit, unsere Deutungen zu hören. Das kann vor oder nach dem sechzehnten Lebensjahr sein.

Rousseau dürfte schon aufgrund seiner eigenen Kindheitserfahrung nicht leugnen, daß Kinder ganz früh Freude an und Ehrfurcht vor der Schöpfung haben; daß ihnen die Geschichten von Adams und Evas Verstoß und Verstoßung, von Kain und Abel, von der Sintflut und Noah, von Abraham und Isaak, von Esau und Jakob, von Josef und Mose, von Jesu Geburt und Tod, von Weihnachten und Ostern «zu Herzen» gehen; daß ihnen die Vorstellung gut tut, die das Kinderlied ihnen beschert: «Gott der Herr hat sie gezählet, / daß ihm auch nicht eines fehlet. / Kennt auch dich und hat dich lieb ...» All das ist auch «religiöse Erziehung» und nicht das, was Rousseau ablehnt, wenn er sagt: «Hüten wir uns, denen die Wahrheit zu verkünden, die sie nicht verstehen, denn das hieße, den Irrtum an ihre Stelle setzen zu wollen.» (EE 291) Aber niemand kann den Kindern die «Theologie» mitgeben, die jede der genannten Geschichten und Bilder verlangt oder impliziert. Sie ist notwendig abstrakt und kompliziert und greift weit über das hinaus, was die Kinder aufzunehmen bereit sind.

So verfestigt sich in ihnen eine kindische, unfreie, unwürdige, «gotteslästerliche» (EE 291) Vorstellung und gibt einem erwachsenen, freien, würdigen, Gott suchenden Denken nicht statt. Darum hält Rousseau Emiles religiöse Erziehung zurück, bis sie eine religiöse Aufklärung sein kann. Den unverstanden auswendig gelernten Katechismus, die nur hergebeteten Gebete, die nicht empfundene «Buß' und Reu'» – Rousseau hätte sie zum Beispiel mir erspart.

Jean-Jacques bedient sich dazu einer dritten Person, in der Gestalt des savoyischen Vikars; er stattet diesen mit den Eigenschaften eines jungen Priesters aus, der den sechzehnjährigen Rousseau in der Proselytenanstalt von

Turin väterlich betreut hat, und mit dem Los eines anderen Abbé, von dem er nur gehört hat (dieser hatte in jungen Jahren eine obendrein verheiratete Frau geschwängert). Die glaubwürdige Person, das schicksal- und schuldhafte Ereignis und die indirekte, Freiheit gewährende Form des Vortrags wirken bei der Vermittlung des anspruchsvollen und empfindlichen Gegenstands zusammen: Jean-Jacques will Emile weder dem einen noch dem anderen Glauben zuführen, sondern «ihn in den Stand setzen, diejenige Religion zu wählen, zu der ihn seine Vernunft führt», heißt es zur Einleitung des «Glaubensbekenntnisses» (EE 292). Der Lehrer, der weder seine Autorität ausnutzen noch die geläufigen Vorurteile bedienen will, möge das «Glaubensbekenntnis» vor allem als Beispiel für die hier gebotene Vorgehensweise ansehen, heißt es am Ende (EE 362).

Es lohnt, bei der Lektüre auf die Einzelheiten der Darstellung zu achten, die hier nicht wiedergegeben werden können. Der Vikar durchmißt alle Zweifel, Anfechtungen, Überraschungen, Erregungen, Erkenntniswunder und Erkenntnismühen, die dem noch Glaubenlosen bei der Erkundung des metaphysischen Terrains begegnen, und er tut es mit solcher Natürlichkeit, daß sich der Leser – an Emiles Statt – ernstgenommen und gefordert fühlt und die beabsichtigte Ordnung der Vorstellungen und Empfindungen vollzieht.

Im ersten Teil wird eine «natürliche Religion» aus der Prüfung unser selbst und der uns erkennbaren Welt konstruiert; im zweiten Teil wird der Offenbarungsanspruch der Religionen kritisiert; am Ende wird das Evangelium den Offenbarungstheologen entrissen und zugleich mit den «philosophes», den selbstgefälligen Rationalisten abgerechnet.

«Ich existiere und habe Sinne zur Aufnahme von Eindrücken», so elementar beginnt die Untersuchung. Wahrnehmung löst Empfindung aus, Vergleich setzt das Denken und Urteilen in Gang. Das beschreibt ihr Verhältnis: Urteile und aus ihnen hervorgehende Begriffe kommen «aus mir», liegen nicht in den Dingen. Die Vernunft selber bestätigt die Grenzen der Vernunft und gibt dem Gefühl, der intuitiven Deutung und Bewertung des von ihr nicht Erreichbaren recht. «Du wirst mich fragen, ob die Tiere sich aus eigenem Antrieb bewegen», insinuiert der Vikar, nachdem er von der Materie und ihren Eigenschaften gesprochen hat, darunter von ihrer Bewegung, die wiederum entweder spontan oder übertragen sein kann. «Ich will dir sagen, daß ich es *nicht weiß*, daß aber die Analogie [zu meiner eigenen Bewegung] dafür spricht. Du wirst mich weiter fragen, wieso ich denn weiß, daß es Bewegung aus eigenem Antrieb gibt; dazu sage ich dir, daß ich es weiß, weil ich es *fühle*.» (EE 307, Hervorhebung von HvH) Die Überlegungen führen zum ersten Glaubensartikel des Vikars: «Die unbelebten Körper werden bewegt, das heißt sie handeln nicht. Wirkliche Handlungen gibt es nicht ohne einen Willen.» (EE 308) Weitere Überlegungen führen zum zweiten Glaubensartikel: «Zeigt mir die bewegte Materie einen Willen an, so zeigt mir eine sich *nach Gesetzen* bewegende Materie eine Intelligenz an.» (EE 310, Hervorhebung von HvH) Und so geht es weiter in der Auslegung des *mundus sensibilis* durch die Vernunft.

Mit anderen Worten: Der Vikar, der es nicht mit Physik zu tun hat, sondern mit der Frage, was der Mensch, was sein Platz im Universum, was sein Auftrag und also sein richtiges Leben sei, ermöglicht Emile mit solchen Denkschritten, sich selbst ein Bild von der Welt zu machen und Überein-

76

stimmung zwischen seinen Beobachtungen herzustellen, Zufälle zu erklären, Widersprüche zu beseitigen und das eigene Erkenntnisinstrument auszubilden. «Behalte im Sinn, daß ich meine Ansicht nicht lehre, sondern nur darlege.» (EE 313)

Dies führt den Vikar dazu, eine Instanz anzunehmen, die das Ganze in Ordnung hält. Er nennt sie konventionell Gott (ebenda) und stellt zugleich fest, daß der Mensch das einzige Wesen ist, das diese Ordnung zu erkennen vermag: Das macht seinen Platz im Universum aus – und seine Freiheit. Mit und in dieser werden wir verantwortlich, wir sehen uns als Urheber von Unordnung, Verzerrung, Zerstörung in dieser Welt. Unser Gewissen erwacht, die Wahrnehmung von Irrtum und Willfährigkeit gibt uns Schuldgefühle ein, die wir hier nicht sühnen, weshalb wir ein Jenseits erhoffen. «Ist [also] unsere Seele ihrer Natur nach unsterblich?» Wieder antwortet der Vikar: «Ich weiß es nicht.» Er hat Grund zu zweifeln: «Unsterbliche Seele» – das setzt Identität voraus und diese ein Gedächtnis. Ob wir ein solches nach dem Tode haben werden, ist ungewiß. (EE 321)

So handelt der Vikar die großen Fragen in der Philosophie und der Theologie auf jener schmalen Spur vernünftiger Vergewisserung ab, links der schlüssige Beweis, rechts das Unbeweisbare: Willensfreiheit, Erbsünde, Jenseits, Theodizee … Die Philosophen sagen, die Störung der moralischen Ordnung spreche gegen einen guten Gott. In der Haltung des geläuterten Hiob entgegnet der Vikar: Wie kann ich wissen, was die gewollte, die große, von mir nicht überschaubare Ordnung ist?! Daß wir sie erkennen, ist nicht Voraussetzung dafür, daß wir gut sind. «Wenn das Gute gut ist, dann muß es vor allem in unserem Herzen und in unseren Werken gut sein.» (EE 365) Und dafür – wieder verläßt sich der Vikar, der zugleich Jean-Jacques ist, auf sein Gefühl – haben wir Maßstäbe: ein uns von Natur gegebenes Rechtsbewußtsein und unser Gewissen. Das erste wird immer sprechen, wenn es nicht von der Gesellschaft und ihren Erwartungen, Bequemlichkeiten, Gewohnheiten, Machtgebaren unterdrückt worden ist, das zweite wird vom Lärm der Welt übertönt, aber es läßt sich nicht dauerhaft verdrängen. Ja, wer – wie jetzt Emile – erkennt, daß es ihm hilft, seinen Vorsätzen treu zu bleiben, wird sich gleichermaßen vom «entsetzlichen Apparat der Philosophen» befreit fühlen wie vom schalen Hedonismus. Er wird die «süße Verführung» verspüren, das Gute zu tun, was soviel größere Befriedigung verspricht als Macht, Ruhm und sinnliche Freuden. «Und wenn es mir an Kraft gebricht, welche Schuld trifft mich dann?» (EE 336) Die wiedergewonnene Selbstachtung des Bekenners, eines Gestrauchelten, ist die Antwort.

In der hier entstehenden Pause zeigt sich Jean-Jacques erstaunt über das häufige «Ich weiß es nicht» (EE 307, 208, 310, 321, 329, 333, 336). Die geoffenbarten Religionen dagegen haben auf alle Fragen eine Antwort. Das ist ihr menschlicher Zweck, aber es ist ein unnützer und verderblicher. «Hat Gott nicht alles vor unseren Augen, unserer Urteilskraft und unserem Gewissen geoffenbart?» (EE 337) Einer Offenbarungsgeschichte bedarf er nicht, so wenig wie der Propheten und erleuchteten Konzilien. Er bedarf auch keines Gottesdienstes; er ereifert sich nicht, wenn man ihm diesen versagt, er übt nicht Rache, ja er straft nicht. Vollends kann er der Wunder entbehren, auf die die Gläubigen so stolz pochen.

Der Vikar stellt einem Inspirierten einen Vernunftmenschen gegenüber:

Der Inspirierte: O verhärtetes Herz! Die Gnade spricht noch nicht zu dir.

Der Vernunftmensch: Das ist nicht meine Schuld; denn nach deiner Lehre muß man der Gnade schon teilhaftig geworden sein, um sie erbitten zu können. Sprich du also zu mir an ihrer Statt.

Der Inspirierte: Das tue ich doch, aber du hörst nicht auf mich. Zum Beispiel die Prophezeiungen ...

Der Vernunftmensch: Ich kenne sie so wenig, wie ich Wunder kenne, und wenn ich sie vernähme, ich würde ihnen nicht glauben.

Der Inspirierte: Verlorener Gottloser ... (EE 345)

Die Anhänger der geoffenbarten Religionen prüfen selten oder gar nicht, was die jeweils andere sagt. Zwei Drittel der Menschheit sind weder Juden noch Muslime noch Christen – und sie alle sollte Gott außer acht gelassen haben? «Wer damit beginnt, ein einziges Volk auszuwählen und den ganzen übrigen Teil der Menschen zu verstoßen, ist nicht ... der gütige Gott, den meine Vernunft mich hat erkennen lassen.» (EE 343) Wer uns den Verstand gegeben hat, ist kein Gott solcher Finsternisse.

Das Evangelium spricht «zu meinem Herzen», sagt der Vikar. «Wo ist der Mensch, wo ist der Weise, der so ohne Schwäche und ohne Prahlerei zu handeln, zu leiden und zu sterben verstünde» wie Jesus? (EE 353) Er vergleicht Jesus mit Sokrates: Die Wahrhaftigkeit beider Personen teilt sich unmittelbar mit; die Wahrhaftigkeit der Berichte über sie ebenso. Wie das Leben und der Tod des Sokrates das Leben und der Tod eines Weisen sind, so sind das Leben und der Tod Jesu das Leben und der Tod eines Gottes (EE 354) – weil wir es so empfinden, nicht weil es geschrieben steht.

Und was macht einer, der vernünftig denkt und ehrlich

ist, mit den vielen unglaublichen, der Vernunft widersprechenden Dinge, die das Evangelium auch enthält? Der Vikar nimmt sie respektvoll hin. Er nennt dies seinen «unfreiwilligen Skeptizismus» (EE 354) und lehnt sich nicht gegen ihn auf, weil er keinem Tatbestand gilt, der «für das Handeln wesentlich» wäre. Der Vikar dient Gott in der Einfalt seines Herzens; was für sein Leben keine Bedeutung hat, muß er nicht verstehen; im öffentlichen Kult sieht er eines der Merkmale der – im *Contrat Social* beschriebenen – geschichtlichen Staatsreligionen, die durch den richtigen Gesellschaftsvertrag und die richtige Erziehung erträglich werden können. Der Kreis hat sich geschlossen.

Drei Lehren vor allem wird Emile aus dem «Glaubensbekenntnis» mitnehmen: «Halte deine Seele stets in einem Zustand, in dem sie wünscht, daß ein Gott existiert.» (EE 358) Sodann: «Scheue dich nicht, vor den Philosophen Gott zu bekennen, wage es, den Unduldsamen[17] Menschlichkeit zu predigen.» (EE 361) Und: Durch kunstgerechte und aufrichtige Prüfung wird mir etwas zuteil, was unser beschränktes Wissen überschreitet, einer Offenbarung aber nicht bedarf. (EE IV, passim) Diese natürliche Religion dürfte die stärkste Bastion von Emiles Freiheit sein.

Karl Barth hat das theologisch Neue bei Rousseau in der Erweiterung des Vernunftbegriffs gesehen. Die Vernünftigkeit der Gefühle und die Bescheidung der Ratio an ihren eigenen Grenzen haben beide an ihm teil. Der Mensch selber wird bei Rousseau zum Instrument der Erkenntnis der Wahrheit. «Diese Entdeckung bedeutet theologisch nicht weniger als die Schlichtung des Streites zwischen Vernunft und Offenbarung, in dem der Mensch durch sie angeleitet wurde, sich selbst je als Vernunft und je als Offenbarung zu begreifen.» (Barth 206)

Was Rousseau im *Glaubensbekenntnis des savoyischen Vikars* mit Sorgfalt und leidenschaftlicher Sachlichkeit dargestellt hat, spitzt er in den *Lettres écrites de la Montagne* zu. Dort unterteilt er die Religion in eine Glaubenslehre und in die Moral. Die Beurteilung der ersten komme der Vernunft zu, und wenn Theologen sich diese Aufgabe zugezogen haben, dann als Sachwalter der Wissenschaft, durch die man Kenntnis des Wahren und Falschen erlangt, nicht aber als Richter über diese. Die Beurteilung des Teils der Religion, der die Moral enthält, also Aussagen über die Gerechtigkeit unter den Menschen, ihre Tugenden und Pflichten, kommt der Regierung zu (LdlM 19).

Rousseau nutzt die von ihm eingeführten Unterscheidungen, vor allem aber seine Deutung des Protestantismus als einer «staatsbürgerlichen Religion», um in den Streit einzugreifen, der in Genf um die Ächtung seiner Schriften geführt wurde: Die Lehre von der Zivilreligion ist konkret geworden. Glaubensfreiheit und bürgerliche Freiheit sind nicht voneinander zu trennen.

Ein Vierteljahrtausend später wird unser Interesse an Rousseaus Frage nach dem Vorrecht der geoffenbarten Religion gegenüber einer natürlichen, nach der Unterscheidung zwischen Zivilreligion und reiner Religion und nach dem Verhältnis beider zur «bloßen» Vernunft wiederbelebt: in der Auseinandersetzung um ein Unterrichtsfach, das die Lebenswahrheiten (die Moral) neben die Heilswahrheiten (die Religionen) stellt und davon absieht, daß die Religionen sich für die Quelle der Lebenswahrheiten halten. Das Entstehen einer natürlichen Religion für alle wird erneut von beiden Seiten, den Aufklärern und den historischen Religionsgemeinschaften, mit tiefem Mißtrauen betrachtet. Und doch dürfte gerade sie dem geheimen

Wunsch der Menschen entsprechen, die seither mehrfach erlebt haben, wie einerseits die säkulare Rationalisierung zu unerträglichen Gebilden führt und andererseits die Heilslehren aus dem Jenseits heillose Vernichtungskriege entfachen. Für die radikalen Vernunftgebäude sind wir nicht vernünftig und das heißt gleichermaßen nicht wissend und nicht klug genug; für die Erfüllung des göttlichen Willens sind wir nicht stark und das heißt gleichermaßen nicht gläubig und nicht diszipliniert genug. Christen, die Kriege führen, Todesstrafen vollziehen, andere Auslegungen ihrer Glaubenslehre als die kanonisierten nicht dulden (z.B. die des Jean-Jacques Rousseau), glauben nicht wirklich, was ihnen verheißen ist, nämlich daß Gott für das aufkommen werde, was uns nicht gelungen ist, sofern wir denn aus Liebe gehandelt haben. Lehrgebäude helfen uns da wenig – weder zu klarerem Denken noch zu größerer Seelenkraft.

In einem Brief an M. von Franquières vom 15. Januar 1769 verläßt Rousseau sogar die ihm meist zugesprochene Position des Deismus zugunsten eines Evangeliums der guten Taten: «Hätte Gott, so schreiben Sie mir, die Menschen zwingen wollen, ihn zu erkennen, so hätte er seine Existenz vor aller Augen gestellt. All diejenigen, die an Gott glauben, meinen um des Heils willen, darauf mit einem Glaubenssatz antworten zu müssen, und sie antworten mit der Offenbarung. Ich, der ich an Gott glaube, ohne diesen Glauben für notwendig zu halten, sehe nicht, warum Gott ihn uns hätte geben müssen. Ich glaube, daß ein jeder einst nicht nach seinem Glauben gerichtet wird, sondern nach seinen Taten, und ich glaube nicht, daß es zu Taten eines Lehrgebäudes bedarf, da es an seiner Stelle das Gewissen gibt.» (Zitiert nach Starobinski 118) Rousseaus Begründung für den Verzicht werden wir angesichts der komplizierten ethischen Herausforderungen der Gegenwart nicht ohne weiteres nachsprechen. Aber den Verzicht selbst muß die zusammengewachsene heutige Menschheit wohl schon deshalb leisten, weil die Mehrheit von keiner Offenbarung erreicht worden ist und die Offenbarungen, an die die anderen glauben, sich untereinander widersprechen. Eine natürliche Religion, die nicht einfach eine Philosophie mit ungenauen Rändern ist, wäre eine segensreiche und aufrichtige Antwort auf unsere Lage.

Die Rechtfertigungsschriften:
Rousseaus Wahrhaftigkeit

Rousseaus Werk ist ein Vierfüßler. Es wird getragen von einer Lehre vom Menschen, einer Theorie der Gesellschaft, einem pädagogischen Gedankenexperiment (wie man der kommenden Generation die Deformationen der heutigen erspart und sie dadurch in die Lage versetzt wird, den nur gedachten Gesellschaftsvertrag tatsächlich zu schließen, also die Bürgerpflichten nach seinen Vorgaben zu erfüllen) und schließlich von den Rechtfertigungsschriften: den vier *Lettres à M. de Malesherbes*, der *Lettre à M. de Beaumont* (beide 1762), den *Lettres écrites de la Montagne* (1763) und den *Dialogues* (Rousseau juge de Jean-Jacques, 1775). Wer die *Confessions* (1770) und die *Rêveries d'un promeneur solitaire* (1778), die «Träumereien eines einsamen Spaziergängers», nicht hierzu zählen will, obwohl sie auf jeder Seite der Rechtfertigung dienen, möge sie als den «Leib» ansehen, aus dem die vier Füße wachsen.

Die *Confessions* sind in der Tat zuallererst eine nach dem

Muster des Heiligen Augustin angelegte umfassende Selbst-
prüfung. Die späten *Rêveries d'un promeneur solitaire* darf
man als deren Ergänzung ansehen – einen Nachtrag des
gealterten Mannes, der gerne weise, heiter, versöhnlich
wäre und sich doch nicht freimachen kann von den Verlet-
zungen, die er empfangen hat, den Verfolgungen, die er
sich einbildet, den Feindschaften, auf die er sich einge-
spielt hat. Für ein «Ungeheuer, einen Giftmischer, einen
Mörder» (R 639) habe man ihn gehalten, Schmach und
Spott über ihn gebracht, ihn vernichtet und vor allem verkannt – das will nun doch noch einmal gesagt sein.

Der heutige Leser verliert über der ausgiebigen Selbstbe-
trachtung, der pedantischen Rekonstruktion der Ereignisse
und ihren Folgen leicht die Geduld, auch wenn die philoso-
phischen Betrachtungen, die Mitteilungen über die Person
und ihre Begegnungen Aufmerksamkeit und Anteilnahme
wecken und die reiche schwingende Sprache Bewunderung auslöst. Er könnte geneigt sein, diesen Teil des Werkes beiseite zu schieben, sei doch in den *Confessions* die eigentliche Lebenssubstanz für die Reflexion versammelt
und die Apologie in den verschiedenen *Lettres* besser geleistet als in den ausschweifenden *Dialogues*, denen man
gern anhängt: Qui s'excuse, s'accuse.

Der Leser täte unrecht. Diese Werke tragen das zweite
große Lebensmotiv Rousseaus, die Wahrhaftigkeit, mit der
gleichen Leidenschaft aus, mit der seine anderen Werke
dem ersten Motiv, der Unabhängigkeit, dienen: in den einen die Freiheitsarbeit, in den anderen die Wahrheitsar-
beit. Rousseau war zeitlebens abhängig, und man hat ihm
zeitlebens nicht oder nur halb geglaubt – von Mademoiselle
Lambercier bis zu den hochgestellten und hochgeistigen
«Freunden». Die Nachwelt hat sich dem Zweifel ange-

schlossen: zuviel Widerspruch, zuviel Phantasie, zuviel Introspektion. Daß die Bemühung um Glaubwürdigkeit seiner Person und seines Werkes mit dem Kampf gegen die Unglaubwürdigkeit der Gesellschaft und der öffentlichen Verhältnisse zusammenfiel, hat ihm dabei nicht geholfen, sondern eher geschadet. Einmal – mit einem *coup de foudre* – durfte er die Heuchelei und Verkehrheit der Zeit bloßlegen; es gehörte zu deren Verlogenheit, daß sie applaudierte. Aber als Rousseau seine Anklagen nachhaltig und gründlich fortsetzte und obendrein selber nach den verkündeten Grundsätzen – also aufrichtig und unabhängig – zu leben versuchte, hat man ihm jeden Zoll der Abweichung übelgenommen und öffentlich vorgeworfen. «Ich wollte von meinem Handwerk leben, aber das Publikum wollte es nicht so.» (C 482) Und so lernte er, «daß Armut und Unabhängigkeit nicht immer so leicht sind, wie man sich das vorstellt.» (Ebenda) Damit nicht genug: Der Zweifel der anderen steckte ihn selbst an. Die begangenen Irrtümer nahmen sich wie Selbsttäuschungen aus. Bei der Aussetzung des dritten Kindes der Thérèse – und erst dann! – überkommen ihn Skrupel, die er bei den voraufgehenden nicht gehabt hatte (s. oben S. 13), ja, er hätte sich seiner, wie er meinte, gut begründeten Tat durchaus vor anderen gerühmt, hätte er nicht auf den Ruf der Thérèse Rücksicht nehmen müssen (C 486). Nun bereut er: «Mehr als einmal hat mich meine Herzensqual seitdem belehrt, daß ich damals irrte.» (Ebenda) Aber aus dem gleichen Willen zu Aufrichtigkeit legt er auch neue Gründe vor, warum seine Handlungsweise wenigstens vernünftig, wenn nicht gut und verzeihlich war.

Es war dieses «allzu Persönliche» an Rousseaus Werk, das Nietzsche mit Mißtrauen erfüllte (I, 1259, Morgenröte)

– einem Mißtrauen, das er auf alle diejenigen ausdehnte, an denen er einen «Despotismus gegen sich selbst» erkannte. Einer Lebensgeschichte Platons, schreibt er, würde er «keinen Glauben schenken: so wenig als der Rousseaus oder der *vita nova* Dantes». (II,98, Götzendämmerung) Er, ein Meister der Zuspitzung, ein Genius des Überschwangs, ertrug Rousseaus Steigerungen nicht – bei diesem waren das krankhafte Übertreibungen (III, 508, Nachlaß, und II, 993, Götzendämmerung). Dieser trug alles, was ihm viel bedeutete, mit Emphase vor. «Eine starke Überzeugung hat mir jederzeit die Beredsamkeit ersetzt ... Also hat mich vielleicht ein heimlicher Kunstgriff der Eigenliebe meinen Wahlspruch [vitam impendere vero] wählen und verdienen lassen und mich mit soviel Leidenschaft an die Wahrheit oder an alles, was ich für sie angesehen, gefesselt. Wenn ich nur aus Lust zu schreiben geschrieben hätte, man hätte mich, davon bin ich überzeugt, niemals gelesen.» (LM 484) Bei Nietzsche wurde aus Rousseaus Inbrunst der Mitteilung ein «Blasebalg» (II, 993, Götzendämmerung). Mit seiner doppelten Schmähung – «Idealist und Kanaille» – hat Nietzsche die eigentliche Ursache für die Feindseligkeit der Widersacher formuliert: Man hielt ihn für falsch. Man verdächtigte sein Motiv. Man empfand Rousseaus Wahrheitsliebe als indiskret, exhibitionistisch, peinlich[18], und – schlimmer noch für den Mann, der nichts mehr fürchtete als «halb gekannt zu werden» (LM 481) – man hielt ihn für halb verrückt. Diderot verstieß seinen Freund Rousseau, noch bevor dieser seinen *Emile* niederschrieb, weil er ein «Rasender» sei, und trug so dazu bei, daß er es schließlich wurde.

Der Verfolgungs- und, schlimmer noch, Verschwörungswahn,[19] in den ihn dies alles stürzte, ist geeignet, uns den Blick auf das «normale» Wahrheitsproblem aller Autobiographie zu verstellen, zumal solcher, deren Autor – wie Rousseau – alle wichtige Erkenntnis aus seiner Person zu gewinnen behauptet und sich selbst zum Maßstab für beides nimmt, der Ausnahmen wie der Regel (s. z.B. C 76).

Rousseau war überzeugt, daß Übereinstimmung mit sich selbst der einzige glückliche Zustand des Menschen sei (EE 67, C 296, R 699); daß der Mensch sich mit nichts Wichtigerem beschäftigen könne als mit dem eigenen Ich; daß er selber weise gewesen sein müsse, weil er glücklich gewesen sei (LM 486); daß sein Glück noch gesteigert werde, wenn er es sich selbst verdanken könne (C 88); daß sein eigenes «wie ein Kristall durchsichtiges Herz» nie ein lebhaftes Gefühl auch nur für die Dauer einer Minute habe verbergen können (C 589); ja, daß nicht nur von allen Menschen, die er im Laufe seines Lebens kennengelernt habe, keiner besser gewesen sei als er (LM 481), sondern auch daß niemand ihn kenne außer ihm selbst (LM 480).

Die autobiographischen und Verteidigungsschriften sollte man sich schon deshalb nicht ersparen, weil man sich sonst leicht auch die anderen Schriften erspart, sofern man sie nämlich für das Werk eines Schwärmers, eines Unglaubwürdigen, eines Phantasten hält. Die genannten Werke werden nicht alle Zweifel auslöschen, aber sie können zur Achtung des darin verteidigten Gedankens und ihres Autors anhalten, indem sie ihn in der Verstrickung in den eigenen hohen Wahrheitsanspruch zeigen, in dem unentrinnbaren Zirkel von Selbstzweifel und Selbstbehauptung, von Selbstanalyse und Selbstüberhebung – und im Leiden daran. Kein Beruf lebt so sehr von seinen guten Vorsätzen, keiner hat seinen Erfolg so wenig in der Hand, keiner ist so sehr verführt, sich das Gelingen und die Voraussetzungen dazu buchstäblich vorzumachen, wie der des Pädagogen.

Eine Probe aus dem Neunten Spaziergang leistet hier mehr als alle Argumente:

Ich hatte meine Kinder ins Findelhaus getan, dies genügte, einen unnatürlichen Vater aus mir zu machen, und nun war diese Vorstellung erweitert und ausgeschmückt worden, und nach und nach hatte man die augenscheinliche Folgerung daraus gezogen, ich hasse die Kinder. Als ich mit meinen Gedanken die verkettete Stufenfolge dieser Vorstellungen verfolgte, bewunderte ich, mit welcher Kunst die menschliche Erfindungskraft weiß in schwarz verwandeln kann. Denn ich glaube nicht, daß je ein Mensch mehr Vergnügen daran gefunden hat als ich, kleine Kinder herumtollen und miteinander spielen zu sehen, und ich stehe oft auf der Straße oder auf Spaziergängen still, um ihren Streichen und kleinen Spielen mit einer Teilnahme zuzusehen, die ich an niemandem sonst bemerke. An demselben Tage, da Herr P. mich besuchte, waren eine Stunde zuvor die beiden kleinen Soussoi, die jüngeren Kinder meines Wirtes, bei mir gewesen, von denen der ältere etwa sieben Jahre alt ist. Sie hatten mich so treuherzig umarmt, und ich hatte ihre Liebkosungen so zärtlich erwidert, daß ungeachtet der Verschiedenheit der Jahre es ihnen bei mir aufrichtig zu gefallen schien, und ich war außer mir vor Freude, daß meine gealterte Gestalt sie nicht abgeschreckt hatte. Der jüngere insbesondere schien so gern zu mir zu kommen, daß ich, kindlicher als die Kinder, diesen vorzugsweise liebte und ihn so ungern fortgehen sah, als wäre er mein gewesen.

Ich begreife, wie der Vorwurf, meine Kinder ins Findelhaus gebracht zu haben, mit einiger Verdrehung in den Vorwurf hat ausarten können, ich sei ein widernatürlicher Vater und hasse die Kinder. Es ist indes sicher, daß nur die Furcht vor einem hundertmal ärgeren und auf jedem anderen Wege fast unvermeidlichen Schicksal mich zu diesem Schritt bestimmen konnte. Wäre ich unbesorgter über ihr künftiges Schicksal gewesen und außerstande, sie selbst zu erziehen, hätte ich sie in meiner Lage der Erziehung ihrer Mutter, die sie verzogen hätte, oder ihrer Verwandten, die wahre Ungeheuer aus ihnen gemacht hätten, überlassen müssen. Ich schaudere noch bei dem bloßen Gedanken daran. Was Mahomet aus Seïde[20] machte, ist nichts gegen das, was man mit ihnen in Ansehung meiner getan hätte, und die Fallen, die mir in der Folge deswegen gestellt wurden, überzeugen mich hinlänglich, daß der Plan dazu gefaßt war. Ich war in der Tat weit entfernt, diese grausame Verschwörung vorauszusehen, ich wußte aber, daß sie in dem Findelhaus die ihnen am wenigsten gefährliche Erziehung erhalten würden, und also brachte ich sie dahin. Ich würde es noch einmal mit viel weniger Unentschlossenheit tun, wenn es noch einmal sein müßte, und ich weiß, daß es keinen zärtlicheren Vater gibt, als ich es für sie gewesen wäre, wäre die Gewohnheit nur etwas der Natur zu Hilfe gekommen.

Habe ich in der Kenntnis des menschlichen Herzens nur einige Fortschritte gemacht, so verdanke ich sie dem Vergnügen, mit dem ich stets Kindern zusah und sie betrachtete. In meiner Jugend war dieses Vergnügen für mich eine Art Hindernis, denn ich spielte mit den Kindern so fröhlich und treuherzig, daß es mir kaum einfiel, sie zu beobachten. Als ich alt wurde und sah, daß meine hinfällige Gestalt sie beunruhigte, habe ich mich gehütet, ihnen lästig zu werden, und ich wollte lieber ein Vergnügen entbehren, als ihre Freude stören. Daher begnügte ich mich dann, ihren Spielen und ihrem munteren Treiben zuzusehen, und in den Kenntnissen, die ich bei diesen Beobachtungen von den ersten und wahren Regungen der Natur erlangte, von denen alle unsere Gelehrten nichts wissen, fand ich die Entschädigung für meinen Verzicht. In meinen Schriften liegt der Beweis, daß ich mich mit diesen Nachforschungen zu sorgfältig beschäftigt habe, um sie nicht mit Vergnügen angestellt zu haben, und es wäre wohl die unglaublichste Sache der Welt, daß die *Heloïse* und der *Emile* die Werke eines Mannes sein sollten, der die Kinder nicht liebte.

Ich hatte nie viel Geistesgegenwart noch Leichtigkeit zu sprechen, aber seit meinem Unfall sind mein Kopf und meine Zunge immer schwerfälliger geworden. Der Begriff und das passende Wort fehlen mir gleichermaßen, und nichts erfordert ein besseres Unterscheidungsvermögen und eine treffendere Wahl des Ausdrucks als eine Unterhaltung mit Kindern. Die Aufmerksamkeit der Zuhörer und das Gewicht, das auf alles gelegt wird, was von einem Manne kommt, der ausdrücklich für Kinder schrieb und von dem man voraussetzt, daß er wie ein Orakel spreche, vermehrt meine Verlegenheit. Dieser große Zwang und meine Ungeschicklichkeit, die ich fühle, verwirren mich und bringen mich aus der Fassung. Ich würde mit leichterem Herzen vor einem asiatischen Monarchen stehen als vor einem kleinen Kind, mit dem ich plaudern soll.

Noch eine andere Schwierigkeit entfernt mich jetzt von ihnen. Seit meinem Unglück sehe ich sie zwar noch immer mit demselben Vergnügen, gehe aber nicht mehr so vertraulich mit ihnen um. Kinder lieben nicht das Alter, die hinfällige Natur ist in ihren Augen ein scheußlicher Anblick, ihr Widerwille, den ich gewahr werde, verwundet mich, und ich enthalte mich viel lieber, sie zu liebkosen, als daß ich ihnen Zwang oder Ekel verursachen sollte. Dieser Beweggrund, der nur auf wirklich liebende Herzen wirkt, bedeutet allen unseren Doktoren und Doktorinnen nichts. Frau Geoffrin lag wenig daran, ob die Kinder an ihr Vergnügen fanden, wenn sie es nur an ihnen fand. Für mich ist ein solches Vergnügen aber schlimmer als nichts, es ist negativ, sobald es nicht geteilt wird, und ich bin weder in der Lage noch in den Jahren, wo das kleine Herz eines Kinds mit dem meinigen erblühen könnte. Könnte mir dies noch begegnen, so würde dieses seltener gewordene Vergnügen für mich nur noch um so lebhafter sein, und das fühlte ich wohl jenen Morgen an der Freude, mit der ich die kleinen Soussoi liebkoste, nicht allein, weil die Wärterin, die sie brachte, nicht sehr aufdringlich war und ich mich vor ihr nicht vorzusehen brauchte, sondern weil das treuherzige Wesen, mit dem sie zu mir kamen, sie nicht verließ und sie weder Mißfallen noch Langeweile bei mir zu haben schienen.

Ach, würden mir noch einige Momente wahrer herzinniger Liebkosungen zuteil, kämen sie auch von einem noch ganz kleinen Kind, könnte ich noch in irgendeinem Blick Freude und Behaglichkeit an meiner Gesellschaft gewahren, wie ich sie einstmals so oft sah und wecken konnte, für wie viele Leiden und Kümmernisse würden mich nicht diese kurzen, aber süßen Ergießungen meines Herzens entschädigen! Ach, so müßte ich nicht bei den Tieren den Blick des Wohlwollens suchen, den mir die Menschen verbergen. Ich kann darüber nur nach wenigen Beispielen urteilen, die meinem Andenken aber stets teuer bleiben. Hier ist eines, das ich in jeder anderen Lage vergessen hätte, und dessen Eindruck auf mein Gemüt mein ganzes Elend schildert.

Es gibt eine Fülle anderer Anhaltspunkte für Rousseaus Aufrichtigkeit und für seine Gewißheit, ihr schon zu genügen:

- Rousseau scheute sich nicht, seine frühen Schriften (C 461) oder Entscheidungen (LB 499) hart zu kritisieren, schon gar nicht, seine Methode zu verlassen (EE 273), also Inkonsequenzen auf sich zu nehmen, wie er denn auch ungelöste Streitfragen ausdrücklich offenließ (D II 160). Er korrigierte seine Schriften häufig und lernte von denen, die er kritisierte, zum Beispiel von Hobbes.

- Rousseaus Selbsterkenntnis grenzte öfter an Selbstbezichtigung als an Selbstbejahung: Er war sich selber schwierig und hat seine Schwächen nur mit einiger Selbstüberwindung preisgegeben. Sie waren ihm peinlicher als große Verfehlungen (s. oben S. 22).

- Schwerer als Selbstbezichtigungen dürfte die bezeugte Reue wiegen. Eine solche hat der oben (S. 23 f.) berichtete Vorfall im Hause des Grafen della Rocca ausgelöst: «Diese grausame Erinnerung quält mich bisweilen und bringt solches Entsetzen über mich, daß ich in schlaflosen Nächten das Mädchen [das er fälschlich bezichtigt hatte] an mich herantreten und mir mein Verbrechen vorhalten sehe ... Die Last hat bis auf den heutigen Tag ohne jede Erleichterung auf meinem Gewissen gelegen, und ich darf sagen, daß die Sehnsucht, mich endlich wenigstens einigermaßen davon zu befreien, sehr viel zu meinem Entschluß beigetragen hat, meine *Bekenntnisse* zu schreiben.» (C 108)

- Das in seinem pädagogischen Hauptwerk abgelegte Geständnis, daß er zur Ausübung des Lehrerberufs unfähig sei und deshalb *über* diesen schreibe, ist auch für den Theoretiker der Pädagogik fast schon «berufsschädigend». (EE 28)

- Zu den Schwächen zählt die Einbildungskraft. Sie ermöglichte ihm zum Beispiel einen Umgang mit allerlei angenehmen oder geliebten oder hochgestellten Personen «ohne jede Mühe und Gefahr» (LM 482) – Phantasie als Eskapismus (LM 488). Sodann seine Trägheit: Sie ist «unglaublich groß. Alles erschreckt sie. Die kleinsten Pflichten des bürgerlichen Lebens sind ihr unerträglich. Ein Wort, das ich zu sagen, ein Brief, den ich zu schreiben, ein Besuch, den ich abzustatten habe, sind wahre Foltern für mich, sobald ich muß. Deswegen ist mir die vertraute Freundschaft so teuer ..., weil es für sie keine Pflichten gibt. Man folgt seinem Herzen, und alles ist geschehen. Dies ist wiederum der Grund, warum ich mich immer vor Wohltaten gefürchtet habe. Denn jede Wohltat fordert Erkenntlichkeit ... Die Art des Glücks, deren ich bedarf, ist nicht so sehr, zu tun, was ich will, als nicht zu tun, was ich nicht will.» (LM 479; s. auch C 364) Die Trägheit, diese Eigenschaft des Urmenschen oder Wilden, wird ihm versalzen durch sein Temperament, das «hitzig, gallig, leicht erregbar und im höchsten Grad gegen alle Reize empfindlich ist» (LM 481); es wird auch gestört durch das Verlangen nach Ruhm (LM 480) und eine eitle Verführbarkeit: «Ich war tätig, weil ich töricht war.» (LM 482) Aus der Trägheit wird im Alter die Seligkeit der Muße; er will nach Papimanien (ein von Rabelais ausgedachtes Land): «Man tut dort mehr, denn man tut dort nichts.» (C 847) Weiter seine Kindlichkeit (C 76), die mit seiner Unstetheit und Unbeherrschtheit verwandt sein mag (C 10): Überkommt ihn eine Leidenschaft, wird er «schamlos, frech, gewalttätig und unbezähmbar ... Aber all das dauert nur einen Augenblick», und schon der nächste läßt ihn in seine «gewohnte Schlaffheit», Gleichgültigkeit und Schüchternheit zurückfallen; er findet dann die Worte nicht für das, was er sagen will (ebenda) – er ergibt sich in die Widersprüchlichkeit seines Wesens (C 847).

• Die Selbsterkenntnis nimmt den Charakter einer ärztlichen Diagnose an, wenn es um die Liebe geht: «Meine Leidenschaften haben mich zum Leben erweckt und mich getötet ... Wenn ich [Frauen] besaß, wurden meine Sinne gestillt, aber niemals mein Herz. Die Sehnsucht nach Liebe verzehrte mich mitten im Genuß ... Ich brannte von einer Liebe ohne Gegenstand» (C 286 f.). Thérèse, versichert er, habe er niemals geliebt; er habe seine Sinne «an ihr» befriedigt «ohne eine Verbindung mit der übrigen Person». (C 545) So ist er dann auch zu einem Fall für die medizinische Forschung geworden: Allotropismus und Autismus hat man seine Krankheit genannt: «Seine lebhafteste und wahrste Leidenschaft» sei es gewesen, geliebt zu werden. (Heidenhain 28 f.) Er selber sah es anders: «Während ich [die Freunde] liebte, wollten sie mich zu lieben scheinen.» (LM 494)

- Neben den Schwächen und Fehlern gibt es die Eigenarten, die eher rätselhaft, halb Segen, halb Beeinträchtigung sind: die Eigentümlichkeit seines Gedächtnisses, das ihm «nur in dem Maße gehorchte», wie er sich darauf verließ; sobald er etwas dem Papier anvertraut hatte, ließ es ihn im Stich (C 460); auch die Bereitschaft zu vergessen und zu verzeihen, was man ihm angetan, wenn man ihn nur in Ruhe ließe (C 847); und nicht zuletzt das tiefe Bedürfnis nach Einsamkeit, die mehr ermöglicht als nur gut zu sein (E 95/233): «in sich selbst sein». Solange dieser Zustand währe, sei man wie Gott (R 699).

- Schließlich: Feigheit stand Rousseaus Aufrichtigkeit gewiß nicht im Wege. Einem Vertreter der Stände, «die die anderen beherrschen», gesteht er offen: «Ihnen, der Sie aus einem vornehmen Geblüt entsprungen sind, Sohn des Kanzlers von Frankreich und erster Präsident eines souveränen Gerichtshofs, ja, mein Herr, Ihnen, der Sie mir tausendfach Gutes getan haben, ohne mich zu kennen, und dem ich ungeachtet meiner natürlichen Undankbarkeit gerne verpflichtet bin [sage ich]: Ich hasse die Großen, ich hasse ihren Stand, ihre Härte, ihre Vorurteile, ihre Kleinlichkeit und alle ihre Laster, und ich würde sie noch weit heftiger hassen, wenn ich sie weniger verachtete.» (LM 494) Ähnlich hat er sich im April 1751 Mme. de Francueil gegenüber geäußert (ER 26 ff.); die Gönnerin Mme. de Houdetot muß sich sagen lassen: «Sie anerkennen als Wohltaten, die einen Anspruch auf Dankbarkeit haben, offenbar nur solche, die mittels Geld gemacht werden … So ist also nach ihrer Rechnung der Reiche es allein, der wohltätig ist, und wir Armen sind des Genusses beraubt, jemals diesen schönsten Akt der Menschlichkeit auszuüben.» (ER 40) Und nicht erst nach einer gescheiterten Beziehung kann er so reden – dem Baron von Holbach verweigert er die Freundschaft mit dem Satz: «Sie sind mir zu reich.» (C 487)

Auch hierzu wissen die Pathologen das Ihre zu sagen: Es müsse Rousseau Genugtuung bereitet haben, «alles herauszusagen», weil es im Verhältnis zu den von ihm unterstellten Verdächtigungen nichtig erscheinen müsse. (Möbius 14) Derselbe Autor fügt hinzu, die historische Prüfung habe zur Genüge bewiesen, daß da, wo ein Urteil möglich sei, Rousseau die Wahrheit sage – von Gedächtnisfehlern abgesehen; es seien immer nur Nebenumstände, in denen er sich irre. (Ebenda) Karl Barth beschließt dieses heikle Thema mit einer Anleihe bei Goethe: «Ihm gab ein Gott zu sagen, was er leidet.» (Barth 163)

Rousseaus Werk umfaßt außer den genannten Schriften: Mehrere hundert Seiten zu musiktheoretischen Fragen, hunderte Artikel für die *Encyclopédie*, eine Abhandlung zur Chemie *Institutions chymiques*, eine Oper *Der Dorfwahrsager*, ein Lustspiel *Narcisse* und Entwürfe für weitere Stücke, zweihundert Seiten *Gedanken über die Regierung Polens* und eine Anmerkung zur Antwort des polnischen Königs, eine Auseinandersetzung mit d'Alembert über das Theater in der Form eines Briefes, zahlreiche Repliken auf die Kritiken zu seinem Werk (darunter auf die von Charles Bordes, Voltaire, Abbé Raynal, Friedrich Melchior von Grimm, Charles Bonnet, alias «Philopolis») und eine allgemeine Korrespondenz in fünfzig Bänden – was man alles in allem als einen Kommentar zu seiner von ihm selbst beklagten «Trägheit» ansehen mag: Er hat an ihr gelitten, indem er sie überwand.

III

Die Wirkungen

Rousseau und sein Werk fallen in vielerlei Ressorts. Er wird nicht nur von Fachleuten gelesen: Pädagogen, Philosophen, Staatstheoretikern, Anthropologen und Theologen, er ist nicht nur ein weiter mitgetragener Gegenstand des Oberstufenunterrichts – er wird, seit es ihn gibt, vom gebildeten Publikum aufgesucht. Das hat seinen Grund gewiß auch in den perennierenden Fragen, die er behandelt: Was ist der Auftrag und was sind die Grenzen des Staates? Wie ist die Gesellschaft entstanden, und wie versteht sich der einzelne in ihr? Welche Erziehung ist ihm bekömmlich als Mensch und als Bürger? Was zu glauben, erlaubt das Denken? Aber andere erörtern die gleichen Themen, viele tun es auf einem neuen Stand der Erkenntnis – und bewahren oder erreichen nicht die Aufmerksamkeit, die Jean-Jacques Rousseau zuteil wird. Er erwirbt sie sich durch drei Vorzüge – *erstens* durch die Kühnheit seines Denkens, *zweitens* die Intensität des Gefühls und *drittens* durch die Brillanz, Originalität und Geschmeidigkeit seiner Sprache, durch eine Rhetorik, deren Stärke darin liegt, daß sie sich als Denkkunst, nicht als Wortkunst bewährt.

Rousseaus Darstellung seiner Gedanken *ist* seine Didaktik: Man folgt ihm gern, weil man gut versteht, was er sagt, und das Verstehen wird durch eine natürliche Abfolge und Verbindung von ungewöhnlicher These, anschaulichen Beispielen, Polemik und Beweis «erzeugt», nicht einfach «er-

wartet» oder gar «vorausgesetzt». Man vergleiche entsprechende Schriften von Kant und Hegel, Herder und Herbart,
Gadamer und Habermas mit denen Rousseaus, und man
wird dessen Vorzüge jedenfalls für die deutschen Leser und
in heutiger Zeit leicht erkennen.

In Frankreich und in Rousseaus Zeiten war das etwas anders: Dort mußte Rousseau mit so geistvollen und glänzen-
den Schriftstellern wie Voltaire und Diderot, so interessan-
ten und gemeinverständlichen Wissenschaftlern wie Helvé-
tius und Buffon, so populären Publizisten wie Grimm und
Baron von Holbach konkurrieren. Man war verwöhnt durch
die Leichtigkeit der einen, amüsiert durch den Sarkasmus
der anderen. Rousseau aber war bar jeden Humors und jeder Ironie. Und so sah man denn der pathetischen Person
genauer auf die Finger. Die Geschichte tat das Ihre.[21]

Selten sind in der Geistesgeschichte Zuspruch zu und Ab-
wendung von einem Werk so eng mit beidem zum Autor
selbst verknüpft. Wer Rousseaus Gedanken mißbilligte,
fand den Menschen verschlagen und hochmütig, zynisch
und tränenselig, weibisch und sentimental; wer seine Person abstoßend fand, verhöhnte seine Gedanken als unlo-
gisch, unbewiesen, exzentrisch. Andererseits haben sich
große Geister mit großer Dankbarkeit und Bewunderung
zu ihm bekannt: Kant, Lessing, Humboldt, Pestalozzi, Höl-
derlin, Tolstoi, Thoreau und Hamsun stehen Voltaire und
den «philosophes», den «rechten» wie «linken» Kritikern
gegenüber, für die Rousseau entweder zu naiv oder zu
zahm oder einfach im Irrtum war. Nietzsche fand das von
Rousseau gezeichnete Bild des Wilden «idyllisch» – heilsam
wäre es den Menschen nur gewesen, wenn Rousseau ihnen
den Urmenschen als das geschildert hätte, was er war: als
Raubtier. An Rousseaus natürlichen Tugenden (mit denen

er die gesellschaftlichen aus dem Felde schlug) erkannte Nietzsche einen «Moral-Fanatiker» (III,532, Nachlaß) – und man kann Nietzsche getrost einräumen, daß Rousseau in der Tat mit der Moralisierung der Natur dieser ihre korrektive Funktion überhaupt nahm. Die Revolutionäre andererseits haben sich an Rousseaus abstraktem Utopismus geärgert, der (nachzulesen bei Fetscher 267 ff.) in ihrer Wirklichkeit einfach nicht funktionierte. Wir haben es leichter, gerecht zu sein. Wir «lesen» Rousseau, wir suchen nicht ernsthaft politischen Rat bei ihm. Wir registrieren darum gleich in der Vorrede zum *Contrat Social*, daß Rousseau «die Menschen nimmt, so wie sie sind, und die Gesetze so, wie sie sein können»; wir registrieren auch später befriedigt den Realismus: «Streng genommen hat es nie eine wahre Demokratie gegeben und wird es auch nie eine geben ... Man kann sich nicht vorstellen, daß das Volk dauernd versammelt bleibt, um sich den politischen Aufgaben zu widmen ...» (CS II,4) Oder: «So ist der Gemeinwille immer der schwächste, dann kommt der kollegiale Wille, und der Sonderwille nimmt die erste Stelle ein.» (CS III,2)

Die Reaktionen waren beiderseits immer heftig. An Rousseau spaltete sich die öffentliche Meinung erst Frankreichs und bald der übrigen Welt – bis heute.

Die freundliche Rezeption in Deutschland hat Rousseau in der Folge nicht gutgetan: Seine Kulturkritik fand lebhafte Zustimmung bei den Romantikern. Hölderlins ihm gewidmetes Gedicht[22] stellt die sanfte Version der Rousseau-Begeisterung dar; es drückt die Hoffnung aus, daß Rousseau, «ein Ärgernis den Seinen», dereinst «vernehmlich» werde: die einsame Stimme des kühnen Geistes, der «weissagend seinen kommenden Göttern voraus» ist. Die Stürmer und Dränger bemächtigten sich der Rousseauschen

Zivilisationsschelte. Der anti-aufklärerische, anti-gesellschaftliche, auch anti-politische Vorbehalt der «verspäteten Nation» konnte gar nicht auf Rousseau verzichten – und so geriet dieser schließlich in eine Linie, die von Meister Eckart über die Weltentsager des Barock zu Nietzsche, Langbehn (dem «Rembrandt-Deutschen»), Spengler, Ernst Wiechert und dem Nationalsozialismus führt.

Rousseaus Pädagogik verfiel einem anderen, aber ähnlich unbefriedigenden Schicksal: Sie wurde zu einer Lehrmeinung, für oder gegen die man heftig stritt und die nur ganz vereinzelnd in die Wirklichkeit fand[23] – bei Montessori oder Freinet und in der Landerziehungsheim-Bewegung. Die vollzog sich abseits der Gesellschaft und ließ dort zu, was sich in der modernen Großstadtzivilisation noch mehr verbot als im Ancien Régime. Aber auch in Haubinda und Oberhambach hat man die Verwirklichung der im *Emile* verkündeten und illustrierten Grundsätze selten systematisch in die eigenen Verhältnisse zu übersetzen versucht. Die einzige konsequente Bemühung darum dürfte Dartington Hall in England sein, die David Gribble nach dem Scheitern dieser berühmten Internatsschule unter minutiöser Berufung auf den *Emile* 1985 beschrieben hat. Die Konsequenz geht auch Tolstoi ab. Er hat Rousseau bewundert und dessen Kritik an der Mißachtung des natürlichen Lerneifers, am Buch-Lernen, an der «Verdummung» des Kindes (dieses Wort übernimmt Tolstoi aus dem Deutschen) durch den formalen Unterricht geteilt. Seine Schulgründung auf dem Gut Jasnaja Poljana wollte der Erziehung freier Menschen für eine noch zu befreiende Gesellschaft dienen, was wie eine revolutionäre Wiederaufnahme von Emiles Erziehung zum Subjekt des Contrat Social klingt. Tolstoi hielt der Belehrung, dem Zwang, dem besonderen Gewaltverhältnis der Schule die «freie Ordnung» entgegen, mit der er Rousseaus «wohlgeordnete Freiheit» (s. o. S. 49) wiederzugeben scheint. Liest man jedoch Tolstois Beschreibung des Schulalltags (mit zwölf Unterrichtsgegenständen, vierzig Schülern, vier Lehrern und täglich fünf Unterrichtsstunden), so ist's doch wieder vor allem «Unterweisung»: in Geographie und Physik, in biblischer und russischer Geschichte; die Schüler singen Dur- und Moll-Tonleitern und plagen sich mit dem Notenblatt; sie lesen Puschkin und Gogol und verstehen sie nicht; sie lesen auch Robinson und langweilen sich daran; sie haben die typischen «Unterschichten-Probleme» mit der Bildung, die Tolstoi ihnen zu ihrer Emanzipation zumutet – und Tolstoi experimentiert, ohne zu Lösungen zu kommen, die ihn selbst befriedigen.

Auch Janusz Korczaks «Achtung vor dem Kind», seine auf Selbständigkeit und Verantwortlichkeit gerichtete Pädagogik, sein Urzutrauen zur Seelenkraft des Kindes sind Erbstücke von Rousseau. Aber mit seinen Zöglingen im Waisenhaus ist er gänzlich andere Wege gegangen als der ausgedachte Jean-Jacques mit seinem ausgedachten Emile.

Die moderne Pädagogik befolgt zwei von Rousseaus Vorgaben: den Empirismus («Beobachtet die Kinder!») und – in der Folge davon – die wenn auch anders gegliederte Stufung. Die Annahme einer *bonté naturelle* teilt sie nur, bis sie selbst voll ins Spiel gekommen ist. Dann setzt das Mißtrauen wieder ein – was Rousseaus Gedanken auf listige Weise bestätigt: Dann nämlich hat die korrumpierende Gesellschaft ihr Werk getan. Die Motivationskünste und Sanktionen, die von außen und einheitlich gesetzten Leistungsstandards und der Lernzwang zeigen an, daß man entweder an die eigenen Vorkehrungen nicht glaubt oder nicht an die natürliche *perfectibilité*.[24]

Keine *laisser-faire*-Pädagogik, keine Benachteiligten-Pädagogik, keine antiautoritäre Emanzipations-Pädagogik kann sich von Rousseau herleiten, wenn sie nicht diese ehernen Maßgaben Rousseaus befolgt: altersgemäße Stufung, in ihr am rechten Platz die «Erziehung durch die Dinge», «geordnete Freiheit», «Zeit verlieren» und das heißt den Erlebnis- und Lernprozeß nicht forcieren, die Vorstellung in dem Maß ansprechen und erweitern, wie es Anwendungs- und Bewältigungsmöglichkeiten gibt, die moralische (heute sagen wir Werte-)Erziehung über die Erfahrung und Einsicht suchen, nicht über Belehrung und Autorität.

Die Gültigkeit dieser Maßgaben ist nicht abhängig davon, ob Rousseaus Erziehungslehre in allem widerspruchsfrei ist und den seither gewonnenen wissenschaftlichen Erkenntnissen, dem seither entwickelten pädagogischen Ethos entspricht. Es gibt Stellen mit ärgerlichen Zumutungen:

- die Beschränkung auf den männlichen Zögling, die durch das fünfte Buch des *Emile* nicht ausgeglichen wird, aber wohl historisch entschuldigt werden kann;
- die überzogene Konsequenz aus den Bemühungen um Reinerhaltung der Selbstliebe: «… daß ein Kind nichts tue, weil andere es sehen und hören, daß es also nichts aus Rücksicht auf andere tue, sondern allein, was die Natur von ihm verlangt» (EE 79);
- die Behandlung eines launischen Kindes: «Es galt zunächst, es ins Unrecht zu setzen» (EE 118), was Rousseaus eigenem Gebot, nicht zu beschämen, widerspricht;
- die vielen kleinen Listen, mit denen Rousseau vermeidet, zu befehlen oder gar Gewalt anzuwenden, mit dem beabsichtigten Ergebnis, daß sein Zögling «alles tat, was ich wollte» (EE 120 und 59);
- die Vorstellung von der geschlechtlichen «Unschuld» der

Kinder, die es durch «glückliche Unwissenheit» zu verlängern gelte (EE 235);
- eine zur übrigen Pädagogik der Ermutigung nicht stimmende Pädagogik der Abschreckung (EE 255 und 286);
- und schon gar Jean-Jacques Eingriff in die Beziehung zwischen Emile und Sophie «zum Zwecke von ...»

Die oben aufgezählten Maßgaben werden durch solche Schwächen nicht außer Kraft gesetzt und schon gar nicht die Entscheidung
- für Gemeinwillen, gegen Willkür
- für Notwendigkeit, gegen Zwang
- für Freiwilligkeit, gegen Hoffnung auf unbegrenzte Freiheit
- für Verantwortung, gegen die Verhältnisse, die «so» nicht sind,
- für Spontaneität des menschlichen Willen, gegen Determinismus.

Vollends kann es keine «Erziehung nach Rousseau» geben, die nicht den Menschen *und* den Bürger im Sinn hat. Mensch ist, wer er selbst ist – nicht Teil eines Kollektivs, nicht Produkt einer (noch so wohlwollenden) Manipulation, nicht Mittel zu irgendeinem Zweck. Bürger darf er sich – bei Rousseau – nur nennen, wenn er für seine Person den Gesellschaftsvertrag geschlossen hat. Dazu muß er wissen, daß der Vertrag einzig der Sicherung der bürgerlichen Freiheit dient; er muß verstehen, daß er «sich selbst gehorcht, wenn er dem Gesetz gehorcht»; er ist dafür verantwortlich, daß das Gesetz danach ist.

Wer in der Gesellschaft leben und Mensch bleiben will, braucht dieses Bewußtsein, und die Gesellschaft muß es ihm in der Erziehung nahebringen, sonst hören beide auf, frei zu sein. Alle bestehenden Gesellschaften aber haben die Neigung, die Menschen von sich und ihren Ordnungen abhängig zu machen, und die Bürger lassen es sich geschehen, lassen sich durch die öffentliche Meinung und den eigenen Ehrgeiz, die «Zwänge» der Wirtschaft und die Verführungen des Marktes, die gewohnten Einrichtungen und das geistvolle Raisonnement um ihre Wahrhaftigkeit bringen. Rousseaus Schriften könnten uns überzeugen, wie wichtig es für unser Glück ist, selbständig und aufrichtig zu sein.

Am Ende haben vor allem wir Deutschen Grund, uns Rousseau aufmerksam und dankbar zuzuwenden: Indem er für Einsamkeit und Freiheit, für das Recht auf Muße, für Respekt vor dem Individuum, auch wenn es schwach ist, eintritt gegen Gehorsam, gegen Gefolgschaft, gegen Geschäftigkeit, gegen den selbstverständlichen Vorrang der gesellschaftlichen Belange vor denen des einzelnen, tut er uns gut – als «gegenhaltende Kraft».

Nachwort

Der voraufgehende Text ist für ein Handbuch geschrieben worden. Er sollte nicht mehr als sechzehn Seiten umfassen, auf dem «neuesten Forschungsstand basieren», zugleich jedoch «nach Möglichkeit keine explizite Forschungsdiskussion» bieten. Die Bedingungen kannte ich nicht, als ich den Auftrag annahm, um dem Denker meine Hommage abzustatten, dem ich nach Platon am meisten verdanke.

Da stand ich dann im März des Jahres 2002: Ich sollte die drängende Flut der Erkenntnisse, Einsichten, Anregungen, Mitgefühle und Mitgefechte in ein kleines Reagenzglas abfüllen – nach Person, Werk, Wirkung geordnet, in «komprimierte Information» verwandelt – und war doch überzeugt, daß allein Rousseaus Leben glaubhaft zu erzählen mir nur gelingen könne, wenn ich viele bewegende Einzelheiten aus ihm nachzeichnete, nicht zu reden von den Künsten, die es mich dann kosten würde, aus dem geschilderten Ereignis eine Quelle seines Denkens zu machen. Vollends seine eigenwilligen Werke und die Geschichte ihrer Wirkungen vermag nur ein Genie oder ein Hochstapler zu einem Handbuchartikel zu verdichten. Ich wollte Rousseaus Größe huldigen und sollte sie in eine Nußschale zwängen; ich wollte die stürmischen Gedanken wiedergeben und sollte sie «im wissenschaftlichen Feld positionieren»; ich wollte seine Wirkung auf mich und meine praktische Arbeit schildern und durfte kein einziges Mal «ich» sagen.

Nach einer verzweifelten Bemühung, das Problem beim Schreiben selbst zu lösen, habe ich den Kampf und Krampf aufgegeben und den vorliegenden Essay zu Papier gebracht, um diesen dann durch barbarische Schnitte auf das geforderte Maß zurückzustutzen. Wenn ich demnächst die Korrekturfahnen meines Beitrags gelesen haben werde, darf ich diesen für alle Zeit vergessen.

«Meinem» Rousseau, den ich davon übrig behalte, ist das Verfahren freilich gut bekommen: Er ist kurz und in Maßen versachlicht. Ich hätte ohne die beschränkenden Vorgaben gemeint, ein «richtiges Buch» über Rousseau schreiben zu müssen, und das wäre mir unter der Hand zu einem wuchernden Ungetüm geraten – komplex nicht nur in sich, sondern immer wieder mit meinen eigenen Lebens- und Denkproblemen durchsetzt. Ich wäre verführt gewesen, die unzähligen sich aufdrängenden Vergleiche zwischen den Nöten, die er mit seiner Welt hatte, und denen, die wir mit der unseren haben, anzustellen und zu kommentieren – in der Pädagogik, in der Politik, im Verhältnis zur Natur, in den «Wissenschaften und Künsten» und nicht zuletzt in der Moral. Ich hätte mich zudem einer Anmaßung schuldig gemacht: mein «Werk» neben die vielen bedeutenden Arbeiten aus mehr als zwei Jahrhunderten zu stellen, Arbeiten, die sehr oft «Lebensarbeiten» waren. Ich hätte vor allem klären müssen, warum es noch ein Buch über Jean-Jacques Rousseau geben solle.

Vielleicht wäre dabei tatsächlich etwas Neues, die Rousseau-Forschung Bereicherndes herausgekommen: Rousseau aktuell, Rousseau aus dem Blickwinkel eines praktischen Pädagogen, der selber die Erziehung und Bildung hat erneuern wollen, Rousseau in Anbetracht der heutigen Gesellschaft, die von vielen Zeitgenossen mit den gleichen

Worten beschrieben wird wie die damalige durch Rousseau: als korrupt, denaturiert und zutiefst ungerecht; die ein neues Verhältnis zur Natur sucht; die ihren Wissenschaften einen ungeheuren Fortschritt verdankt und beiden zu mißtrauen beginnt; deren größte pädagogische Veranstaltung, die Schule, ihr Ziel «Mensch *und* Bürger» nicht erreicht.

Vielleicht hätte dieses Buch sogar mich befriedigt: Ich wäre darin den eigenen Zweifeln nachgegangen und hätte die Zweifel anderer widerlegt; ich hätte geläufige Mißverständnisse über Rousseaus Pädagogik ausgeräumt, denen auch die meine ausgesetzt ist, und hätte den heutigen Besserwissern entgegengehalten, «was da bei Rousseau tatsächlich steht»; ich würde nicht ohne Genugtuung gezeigt haben, wie viele, ach so bedeutende Ergebnisse der späteren Wissenschaft von Rousseau *e specie et ingenio* vorweggenommen worden sind, und ich hätte mich nicht zuletzt anheischig gemacht, die lebhaft wahrgenommene Einheit seines Denkwerks umständlich zu «beweisen». Wie die anderen Autoren treibt es natürlich auch mich, nicht nur etwas Originelles zu sagen, sondern vor allem «das wahre Bild» des großen Anregers oder des großen Verführers oder des großen Scharlatans zu malen – und dieses Motiv hätte ich durch ausgiebige Analyse und Kritik der anderen Autoren zu bestätigen gesucht. Also: noch mehr Philologie, noch mehr sekundäre Argumente, noch weniger «Sache»!

Am «eigentlichen Rousseau» ist viel gearbeitet worden und wird unermüdlich in unseren gelehrten Anstalten weiter gearbeitet – von Philosophen, Theologen, Staatsrechtlern und Pädagogen. Aber nichts davon mündet in unseren Denkformen, unserem Glauben, unserer Demokratie, unserem pädagogischen Alltag. Und nur ganz selten und ganz verhalten hört man, daß einer gesteht, er sei von Rousseaus Leidenschaft ergriffen, von seinen Gedanken überzeugt. Wo einer das gestehen möchte, tut er es, indem er Rousseau selber sprechen läßt, also zu Sätzen greift, die einer Auslegung nicht mehr bedürfen. Indem er Rousseau zitiert, scheint er eine Bemühung aufzugeben, die Rousseau in der Tat kaum gebilligt haben dürfte. Er, der von nichts so überzeugt war wie von der Einzigartigkeit des Ich, zumal seines eigenen, der eine Objektivierung des Subjekts nicht nur für unmöglich, sondern für lächerlich und unnütz halten mußte, der allgemeine Gedanken nur für das Werkzeug zur Ermöglichung der jeweiligen Selbsterfüllung hielt – er hätte sich zwar darüber gefreut, daß man 225 Jahre nach seinem Tode so emsig und gelehrt über ihn nachdenkt, aber sich doch auch gewundert, wie ernst und methodisch man Deutungen seines Werkes gibt, ohne sich den Wirkungen desselben auszusetzen, also ohne denken und handeln zu wollen, wie er zu denken und zu handeln rät.

Die Entschlossenheit, für die Dauer dieses Essays keine Wissenschaftlichkeit zwischen mich und die Wirkung, die Rousseau auf mich hat, treten zu lassen – das sei mein erstes Bekenntnis. Mein zweites Bekenntnis sei: daß und wieviel ich denen verdanke, die dies doch an sich haben geschehen lassen – die als Wissenschaftler an der Sichtung, Vergleichung, Ordnung der Texte und ihrer Schwierigkeiten gearbeitet haben. Ich kann darüber im einzelnen nicht Rechenschaft geben – der Text würde durch die Fülle der Quellennachweise zerstört. Bei so klugen Interpreten wie Martin Rang oder Jean Starobinski, Ludwig Harig oder Ernst Cassirer ist alles gesagt, was man sagen kann, jeder Gedanke, den Rousseau auslöst, ist weiterverfolgt und in einen Zusammenhang gebracht. Aber die Genannten wären die ersten, die zugäben, daß man ihren Argumenten nach-gehend gleichwohl zu anderen Ergebnissen kommen kann als sie. Wir alle schreiben, wenn wir über Rousseau schreiben, über uns selbst. Ich glaube, diesen Satz hätte Rousseau gebilligt: Dazu habe er doch seine «Bekenntnisse», seine «Träumereien», seinen «Emile» geschrieben, damit seine Leser Mut zu ihrer wahren Wahrnehmung, ihren unverstellten Gefühlen, ihrer eigenen Bewertung und Vernunft fassen.

Größe ist Wirkung: durch Taten, durch die Person, durch Gedanken, die den Menschen helfen, ihre Probleme neu zu erkennen und mit ihnen fertig zu werden. In einem Rousseau-gerechten Buch müßte ich Rousseau selbst zu unseren Fragen und Nöten sprechen lassen. In welchem Maß er dies tut, ohne unsere Verhältnisse zu kennen, versetzt mich, seit ich ihn lese, immer wieder in Erstaunen. Wenn sich davon etwas auf den Leser übertragen hat, war es nicht falsch, mit Rousseaus Werken und Worten zu verfahren, wie ich es in diesem Essay getan habe.

Nachfolgende Doppelseite:
Rousseaus «Depot remis à la Providence», der Brief, mit dem er die Rechtfertigungsschrift *Rousseau juge de Jean-Jacques* auf dem Hochaltar von Notre Dame niederlegen wollte (s. Seite 28). Eine von Rousseau selbst angefertigte Abschrift befindet sich in der British Library (ADD 4925). Foto: British Library

Depot remis à la Providence

Protecteur des Opprimés, Dieu de justice et de
vérité reçois ce dépot que remet sur ton autel
et confie à ta Providence un étranger —
infortuné, seul, sans appui sans defenseur
sur la terre, outragé moqué diffamé trahi
de toute une génération, chargé depuis
quinze ans à l'envi de traitemens pires
que la mort, et d'indignités inouïes jusqu'à
parmi les humains, sans avoir pu jamais
en apprendre au moins la cause. Toute —
explication m'est refusée, toute communication
m'en ôtée; je n'attends plus des hommes,
aigris par leur propre injustice qu'affronts
mensonges et trahisons. Providence éternelle!
mon seul espoir est en toi. Daigne prendre
mon dépot sous ta garde, le faire tomber
en des mains jeunes et fidelles qui le
transmettent exempt de fraude à une
meilleure génération: qu'elle apprenne en
déplorant mon sort comment fut traité
par celle-ci un homme sans fiel et sans
fard, ennemi de toute injustice mais
patient à l'endurer, et qui jamais n'a
fait ni voulu ni rendu de mal à —
personne. Nul n'a droit, je le sais, —
d'espérer un miracle; pas même
l'innocence opprimée et méconnue: Puisque
tout doit rentrer dans l'ordre un jour, il —
suffit d'attendre. Si donc mon travail est
perdu; s'il doit être livré à mes ennemis

et par eux détruit ou défiguré, comme cela
paroit inévitable, je n'en compterai pas moins
sur ton oeuvre, quoique j'en ignore l'heure
et les moyens, et après avoir fait, comme
je l'ai dû, tous mes efforts pour y concourir,
j'attends avec confiance, je me repose sur
ta justice et me résigne à ta volonté.

Anmerkungen

1 Alle Autoren: Siehe Literaturliste.

2 Zur politischen Philosophie etwa auf die von Iring Fetscher, zur Pädagogik etwa auf die von Dietrich Benner, zur Verbindung von Erziehung und Politik etwa auf die von Heinz-Hermann Schepp, zur Religion etwa auf die von Karl Barth, zum Verhältnis von Religion und Staat etwa auf die von Karl Dietrich Erdmann, zur Anthropologie auf die von Martin Rang.

3 Zu den Abkürzungen s. Literaturverzeichnis.

4 Soweit überhaupt nachprüfbar (und zwei Jahrhunderte Forscherfleiß haben da Erhebliches geleistet), zeigt sich allerdings, daß Rousseau nicht nur ein staunenswertes Gedächtnis besaß, sondern auch ein großes Genauigkeitsbedürfnis beim Schreiben. Daß man ihm nur in unwesentlichen Kleinigkeiten Irrtümer bei den angeführten Tatsachen, Daten und Namen hat nachweisen können, ist umso beachtlicher, als er beispielsweise die *Confessions* weitgehend «auf der Flucht» (nach England und später nach Südfrankreich) schrieb, also nicht auf eine geordnete Sammlung von Dokumenten und Notizen zurückgreifen konnte.

5 In den *Confessions* (C 543) hat Rousseau aufgezählt, was von den Springbrunnen bis zu den Kartenspielen, vom Klatsch bis zur Schminke, von den Streitschriften bis zum Tischgespräch uns zu unterhalten und zu fördern behauptet und uns doch nur langweilt, von der Wirklichkeit ablenkt, uns belügt.

6 Die Karikatur, mit der man Rousseau lächerlich machen wollte, hat er selber erfunden, um sie als unsinnig abzutun.

7 *Puissance* bezeichnet hier (wie das lateinische *potestas*): «Verfügung über andere», die es vor dem Gesellschaftsvertrag als «politisches Verhältnis» in vielfältiger Form gibt –

Adelsprivilegien, Herrschaft über Leibeigene, Sklaven, Soldaten, Vertretungs- und Vorrechte des Ehemanns, des Vormunds, des Geistlichen und so fort.

8 Joseph A. Schumpeter charakterisiert sie so: «Die demokratische Methode bezeichnet ein institutionelles Verfahren, um zu politischen Entscheidungen zu gelangen; in diesem Verfahren erwerben einzelne eine Entscheidungsgewalt dadurch, dass sie miteinander in einen Wettbewerb um die Wahl durch das Volk treten.» (Schumpeter 36)

9 Im Jahre 1763 hat Rousseau den «Vertrag» mit seiner Vaterstadt aufgesagt.

10 Nicht neiden, nicht beschämen, nicht verleumden, nicht nachtragen – und alle «Verbote» unter den Zehn Geboten.

11 Man muss zwei Wahrhaftigkeitsgebote unterscheiden: «Belüge deinen Zögling nicht» und «Belüge dich selbst nicht». Wer sich nicht selbst täuschen will, indem er wie so viele damalige und heutige Pädagogen durch Anweisung erzieht; wer sicher sein will, daß sein Zögling nicht einfach die für erwünscht gehaltenen Wörter wiederholt (Pestalozzi nennt das «Maulbrauchen»); wer ihn darum durch die Sachverhalte, die Situation, die Folgen zu belehren sucht, «betrügt» ihn schon durch die Auswahl der Erfahrungen, denen er ihn zuführt. Aller Auswahl haftet der Tadel an, vorzugreifen, nicht das ganze, rohe, unzensierte Leben zuzulassen. Pädagogik aber ist ihrer Funktion nach Verdichtung oder Reinigung oder Steigerung oder Wiederholung der Wirklichkeit und nicht diese selbst. Es brauchte sie sonst nicht zu geben.

12 Hier zieht Rousseau selber die Verbindung zum *Contrat Social*: Die Abhängigkeit von den Menschen, von der Gesellschaft (mit ihren verderblichen Folgen) werde man nur überwinden, wenn daraus eine Abhängigkeit von Gesetzen werde und wenn man die *volonté générale* mit wirklicher Macht (une force réelle) ausstatte. «In *der* Republik wären die Vorteile des natürlichen Zustands mit den Vorteilen der bürgerlichen Gesellschaft vereinigt.» (EE 70 / CS I,8) Der sittliche Mensch ist der freie Mensch und nur er.

13 Damit uns die Zweifel an der Richtigkeit dieser Angabe

nicht am Erkennen des gemeinten Prinzips hindern, sollten wir wohl immer lesen: «Sobald die Kräfte ... die Bedürfnisse überholen ...» – Und entsprechend an den anderen «termes de la vie» auch.

14 Esterhues macht daraus: «Die Frauen geben sie von sich ...»

15 «Das hat er davon!» dürfte hier nicht nur der moderne Pädagoge sagen, sondern auch Lykurg oder Platon, die Rousseau so sehr bewunderte: Wie konnte er hoffen, Emile zu einem Menschen unter Menschen (und nicht zu einem Robinson) heranzubilden, wenn er ihm alle Altersgenossen entzog!? Der Einwand ist Rousseau bekannt, er zitiert ihn, nennt ihn sogar «schwerwiegend und begründet» (EE 85), verteidigt sich aber nur in der einen Richtung: «natürliche Erziehung» sei eben nicht leicht – die verderblichen Einflüsse der Gesellschaft ließen sich nicht ganz ausschließen; er verteidigt sich nicht in der anderen Richtung: die so verkümmerte Sozialität des Emile werde durch seine Gutartigkeit, Aufrichtigkeit, Vernünftigkeit aufgewogen, was er hier wohl hätte sagen müssen. Im übrigen läßt er an vielen Stellen erkennen, daß Emile doch mit anderen Knaben zusammenkommt. Die berühmteste handelt sogar von einem Wettlauf unter ihnen (EE 141).

16 Ein von dem Arzt Jean Itard Anfang des 19. Jahrhunderts in Beobachtung und Behandlung genommenes sogenanntes «Wolfskind». Itards Aufzeichnungen sind abgedruckt in Malson, S. 105.

17 Gemeint sind die Frömmler, Orthodoxen, Fundamentalisten.

18 Noch der Brockhaus von 1903 begründet die Aversion gegen Rousseaus *Confessions* mit ihren «bis zum ärgsten Schmutz gehenden zuchtlosen Selbstenthüllungen»; s.v. «Rousseau».

19 Daß es sich durchaus nicht um bloße Einbildung handelte, mag man an einem von seinen Gegnern fingierten Brief Friedrichs II. von Preußen (vom 23.12.1765) ablesen, in dem Rousseau von diesem ihm zugetanen Fürsten verhöhnt wird, oder an dem aus Voltaires Feder stammenden giftigen Pamphlet (datiert Dezember 1764), das «Die Meinung

der Bürger» von Genf wiederzugeben behauptet. Beides abgedruckt in Korrespondenzen (S. 424 und S. 412 ff.).

20 In Voltaires Tragödie *Der Fanatismus oder Mohammed der-Prophet* (1741) stiftet Mohammed Seïde dazu an, seinen eigenen Vater, den Widersacher des Propheten, zu töten. Goethe hat das Stück übersetzt.

21 Im Mai 1814 wurden Rousseaus Gebeine – wie die Voltaires – aus dem Panthéon, wo sie im Oktober 1794 beigesetzt worden waren, heimlich entfernt und in eine Kalkgrube auf dem wüsten Feld vor der Barrière de la Gare geworfen.

22 Es gibt auch eines von Schiller – gedanklich hochtrabend und fast unverständlich.

23 Ganz ohne praktische Wirkung kann sie nicht gewesen sein, wenn wir Kants Anekdote (in seiner «Anthropologie in praktischer Hinsicht», Kant Bd. VI, S. 689) Glauben schenken: Friedrich II. fragte einmal den vortrefflichen Sulzer, den er nach Verdiensten schätzte und dem er die Direktion der Schulanstalten in Schlesien aufgetragen hatte, wie es damit ginge. Sulzer antwortete: «seitdem daß man auf dem Grundsatz [des Rousseau], daß der Mensch von Natur gut sei, fortgebauet hat, fängt es an besser zu gehen». «Ah [sagte der König], Mon cher Sulzer, vous ne connaissez pas assez cette maudite race à laquelle nous appartenons.» «Mein lieber Sulzer, Sie kennen diese verwünschte Rasse nicht genügend, zu der wir gehören.»

24 Daß man in den USA glaubt, im 21. Jahrhundert zehn- und dreizehnjährigen Kindern (wegen unzüchtiger Handlungen und Totschlag) den Prozeß nach Erwachsenenstrafrecht machen zu sollen, müßte einen Generalstreik aller Pädagogen in aller Welt nach sich ziehen, hätten sie Rousseaus Lehre verstanden und akzeptiert.

Literaturverzeichnis

1. Werke von Rousseau

Œuvres complètes; éd. par Bernard Gagnebin et Marcel Raymond, 5 vol.; Paris [Bibliothèque de la Pléiade, Éditions Gallimard] 1959–1969

Correspondence générale de J.-J. Rousseau; collationée, annotée et commentée par Théophile Dufour; éd. par Pierre-Paul Plan, 20 vol.; Paris [Armand Colin] 1924–1934

Correspondence complète de Jean-Jacques Rousseau; éd. par R. A. Leigh, 52 vol.; Oxford [Voltaire Foundation at the Taylor Institution] 1965–1998

Werke in vier Bänden; Zürich/München [Artemis & Winkler] 1978–1981 [Bd. II u. IV: 2. Aufl. 1996]

Schriften in zwei Bänden; hrsg. von Henning Ritter; München [Carl Hanser] 1978

Kulturideale. Eine Zusammenstellung aus seinen Werken [übers. von Hedwig Jahn] mit einer Einführung von Eduard Spranger; Jena [Eugen Diederichs] ²1912

Korrespondenzen – Eine Auswahl; hrsg. von Winfried Schröder; übers. von Gudrun Hohl; mit einem Anhang «Dokumente zur Person Rousseaus» [= Reclam-Bibliothek Bd. 1439]; Leipzig [Reclam] 1992

Les **Confessions** (Œuvres complètes, vol. I, p. 1–656)

C   dt.: Bekenntnisse. Aus dem Französischen von Ernst Hardt; Berlin [Wiegandt & Grieben] 1907; wieder aufgelegt [= it 823]: Frankfurt a.M. [Insel] 1985

Du **Contrat Social** ou Principes du droit politique (Œuvres complètes, vol. III, p. 347–470)

CS   dt.: Der Gesellschaftsvertrag oder Grundlagen des Staats-

rechts. Übers. von Fritz Roepke; Rudolstadt [Greifen-
verlag] o. J.

Rousseau juge de Jean-Jacques. **Dialogues** (Œuvres complètes, vol. I, p. 657–992)
D   dt.: Rousseau richtet über Jean-Jacques. Gespräche.
     In: Schriften in zwei Bänden, Bd. 2, S. 253–636

Discours sur les sciences et les arts [= Le **Premier Discours**]
(Œuvres complètes, vol. III, p. 1–30 / 107 resp.)
D I dt.: Über Kunst und Wissenschaft. In: Jean Jaques Rous-
     seau: Über Kunst und Wissenschaft. Über den Ur-
     sprung der Ungleicheit unter den Menschen. (Synop-
     tische französisch-deutsche Ausgabe) Mit Einleitung,
     Übersetzung und Anmerkungen von Kurt Weigand
     [= Philosophische Bibliothek Bd. 243]; Hamburg
     [Felix Meiner] 1955, S. 1–59

Discours sur l'origine et les fondements de l'inégalité parmi les
hommes [= Le **Second Discours**] (Œuvres complètes, vol. III, p.
109–194 / 237 resp.)
D II dt.: Über den Ursprung der Ungleichheit unter den Men-
     schen. In: Jean Jaques Rousseau: Über Kunst und
     Wissenschaft. Über den Ursprung der Ungleicheit un-
     ter den Menschen. (Synoptische französisch-deutsche
     Ausgabe) Mit Einleitung, Übersetzung und Anmer-
     kungen von Kurt Weigand [= Philosophische Biblio-
     thek Bd. 243]; Hamburg [Felix Meiner] 1955, S. 61–269
    dt.: Über Ursprung und Grundlagen der Ungleichheit un-
     ter den Menschen. Unter Verwendung älterer Über-
     setzungen übersetzt von Heinz Mende und Karl Peter,
     hrsg. und eingel. von Peter Goldammer; Berlin [Auf-
     bau] 1955

Émile ou de l'éducation (Œuvres complètes, vol. IV, p. 239–868)
EE dt.: Emil oder Über die Erziehung. In neuer deutscher
     Fassung besorgt von Josef Esterhues; Paderborn
     [Schöningh] 1958

ER dt.: Emile oder Über die Erziehung. Hrsg. von Martin
        Rang, übers. von Eleonore Sckommodau;
        [= Universalbibliothek 901 09/09 a–f]; Stuttgart
        [Philipp Reclam jun.] 1963

Lettre à Christophe de **Beaumont** (Œuvres complètes, vol. IV,
p. 925–1007 / 1030 resp.)
LB dt.: Brief an Christophe de Beaumont (1763). In: Schriften
        in zwei Bänden, Bd. 1, S. 497–589

Quatre **Lettres à** M. le Président de **Malesherbes** (Œuvres
complètes, vol. I, p. 1130–1147)
LM dt.: Vier Briefe an den Präsidenten von Malesherbes, das
        wahre Gemälde meines Charakters und die wahren
        Beweggründe meiner ganzen Aufführung enthaltend
        (1762). In: Schriften in zwei Bänden, Bd. 1, S. 475 bis
        496

Lettres écrites de la Montagne (Œuvres complètes, vol. III, p.
693–897)
LdlM dt.: Briefe vom Berge. In: Schriften in zwei Bänden, Bd. 2,
        S. 7–252

Julie ou la **Nouvelle Héloïse**, Lettres de deux amants (Œuvres
complètes, vol. II, p. 1–793)
NH dt.: Die Neue Héloïse. In: Werke in vier Bänden, Bd. 1

Les **Rêveries** d'un promeneur solitaire (Œuvres complètes,
vol. I, p. 993–1099)
R dt.: Träumereien eines einsamen Spaziergängers. In:
        Schriften in zwei Bänden, Bd. 2, S. 637–760

Die Zitate aus den Werken Rousseaus nach den französischen
Ausgaben anzugeben, verbietet sich in einem Buch für deut-
sche Leser. Die vorliegenden deutschen Übersetzungen weichen stark voneinander ab. Ich habe die mir verfügbaren miteinander und mit dem französischen Original verglichen und
mal die eine, mal die andere vorgezogen, oft Mischungen vor-

genommen und nur selten eine Übersetzung ganz unverändert gelassen. Um den Leser nicht zu verwirren, habe ich stets nur auf eine Ausgabe verwiesen – entweder die gängigste oder diejenige, der ich am meisten entnommen habe. Im Falle der beiden Discours, die in einer zweisprachigen Ausgabe bei Felix Meiner vorliegen, habe ich die der deutschen Übersetzung gegenüberstehende Seite angegeben, auf der der entsprechende französische Text steht.

2. Bibliographien

Senelier, Jean: Bibliographie générale des œuvres de J.-J. Rousseau; Paris [Presses universitaires de France] 1950

Siehe ferner die Literaturverzeichnisse in den Monographien von Martin Rang ([2]1965) und Jean Starobinski (1971/1988)

3. Biographien

Ahrbeck, Rosemarie: Rousseau; Leipzig [Urania] [2]1978
Ducros, Louis: Jean-Jacques Rousseau [3 Bde.: Paris 1908, 1917, 1918], Nachdruck: Genève [Slatkine] 1970
Holmsten, Georg: Jean-Jacques Rousseau [= rororo-bildmonographie 191]; Reinbek [Rowohlt] 1972 / 1989
Seeberger, Kurt: Jean Jacques Rousseau oder Die Rückkehr ins Paradies [erschienen nur Bd. 1: Der Weg zum Ruhm]; München [Nymphenburger Verlagshandlung] 1978
Vogt, Theodor: Rousseaus Biographie. In: Rousseau, Jean Jacques: Emil, übers. von Ernst v. Sallwürk; Langensalza [Beyer] [3]1893/1895

4. Monographien

Dahrendorf, Ralf: Über den Ursprung der Ungleichheit unter den Menschen [= Recht und Staat in Geschichte und Gegenwart, Heft 232]; Tübingen [J. C. B. Mohr (Paul Siebeck)] 1961

Erdmann, Karl Dietrich: Das Verhältnis von Staat und Religion nach der Sozialphilosophie Rousseaus – Der Begriff der «religion cilvile» [= Historische Studien, H. 271]; Berlin [Ebering] 1935

Fetscher, Iring: Rousseaus politische Philosophie (1960) [= stw 143]; Frankfurt a.m. [Suhrkamp Taschenbuch Verlag] ³1975

Harig, Ludwig: Rousseau – Der Roman vom Ursprung der Natur im Gehirn; München [Carl Hanser] 1978

Heidenhain, Adolf: J. J. Rousseau – Persönlichkeit, Philosophie und Psychose [= Grenzfragen des Nerven- und Seelenlebens, H. 117]; München [J. F. Bergmann] 1924

Möbius, Paul Julius: J. J. Rousseau (1903) [= Möbius, Paul Julius: Ausgewählte Werke Bd. 1]; Leipzig [Barth] ³1911

Rang, Martin: Rousseaus Lehre vom Menschen (1959); Göttingen [Vandenhoeck & Ruprecht] ²1965

Schäfer, Alfred: Jean Jacques Rousseau; Stuttgart [UTB] 2002

Schepp, Heinz-Hermann: Die Krise in der Erziehung und der Prozeß der Demokratisierung – Zum Verhältnis von Politik und Pädagogik bei J. J. Rousseau [= Monographien Pädagogik, Bd. 19]; Kronberg [Scriptor] 1978

Schinz, Albert: La Pensée religieuse de Rousseau et ses récents interprètes [= Smith College Studies in Modern Languages, 10, 1]; Paris [Alcan] 1927

Starobinski, Jean: Rousseau – Eine Welt von Widerständen (1971); München [Carl Hanser] 1988

Steinvorth, Ulrich: Jean-Jacques Rousseau. In: Steinvorth, Ulrich: Stationen der politischen Theorie [= Universalbibliothek 7735]; Stuttgart [Philipp Reclam jun.] 1981, S. 97–136

5. Weitere wichtige und im Text zitierte
Beiträge zu Rousseau

Barth, Karl: Die protestantische Theologie im 19. Jahrhundert – Ihre Vorgeschichte und ihre Geschichte; Zollikon/Zürich [Evangelischer Verlag] ³1960. [Darin zu Rousseau insbesondere die Seiten 156–206]

Benner, Dietrich / Brüggen, Friedhelm: Das Konzept der Perfectibilité bei Jean Jacques Rousseau. In: Hansmann, Otto (Hrsg.): Der pädagogische Rousseau, Bd. II: Kommentare, Interpretationen, Wirkungsgeschichte; Weinheim [Deutscher Studienverlag] 1996, S. 12–48

Cassirer, Ernst: Das Problem Jean Jacques Rousseau. In: Cassirer, Ernst / Starobinski, Jean / Darnton, Robert: Drei Vorschläge Rousseau zu lesen [= Fischer Taschenbuch 6569]; Frankfurt a. Main [Fischer Taschenbuchverlag] (1985) 1995, S. 7–78

Darnton, Robert: Rousseau in Gesellschaft – Anthropologie und der Verlust der Unschuld. In: Cassirer, Ernst / Starobinski, Jean / Darnton, Robert: Drei Vorschläge Rousseau zu lesen [= Fischer Taschenbuch 6569]; Frankfurt a. Main [Fischer Taschenbuchverlag] (1985) 1995, S. 104–114

Fetscher, Iring: Jean Jacques Rousseau – Ethik und Politik. In: Rousseau und die Folgen [= Neue Hefte für Philosphie, hrsg. von Rüdiger Bubner, Konrad Cramer und Reiner Wiehl, Heft 29]; Göttingen [Vandenhoeck & Ruprecht] 1989, S. 1–23

Nietzsche, Friedrich: Werke in drei Bänden, hrsg. von Karl Schlechta; München [Carl Hanser] 1954

Rang, Martin: Jean-Jacques Rousseau. In: Hans Scheuerl (Hrsg.): Klassiker der Pädagogik; München [Beck] 1979, Bd. 1, S. 116–134

Reble, Albert: Geschichte der Pädagogik; Stuttgart [Ernst Klett] ²1955 (darin zu Rousseau besonders: S. 139–147)

Rolland, Romain: Jean Jacques Rousseau; In: Jean Jacques Rousseau: Der Gesellschaftsvertrag oder Grundlagen des Staatsrechts. Übers. von Fritz Roepke; Rudolstadt [Greifenverlag] o. J., S. 5–34

Reich, Klaus: Rousseau und Kant [1936]. In: In: Rousseau und die Folgen [= Neue Hefte für Philosphie, hrsg. von Rüdiger Bubner, Konrad Cramer und Reiner Wiehl, Heft 29]; Göttingen [Vandenhoeck & Ruprecht] 1989, S. 80–96

Schröder, Winfried: Einleitung. In: Korrespondenzen – Eine Auswahl; hrsg. von Winfried Schröder; übers. von Gudrun Hohl; mit einem Anhang «Dokumente zur Person Rousseaus» [= Reclam-Bibliothek Bd. 1439]; Leipzig [Reclam] 1992, S. 5–43

Starobinski, Jean: Jean-Jacques Rousseau und die List der Begierde. In: Cassirer, Ernst / Starobinski, Jean / Darnton, Robert: Drei Vorschläge Rousseau zu lesen [= Fischer Taschenbuch 6569]; Frankfurt a. Main [Fischer Taschenbuchverlag] (1985) 1995, S. 79–103

Wais, Kurt: Rousseau und das Verlangen nach der Wahrheit. In: Romanica – Festschrift für Fritz Neubert zum 2. 7. 1946; Berlin [Stundenglas-Verlag] 1948, S. 239–264

Weigand, Kurt: Rousseaus negative Historik [Einleitung]. In: Jean Jaques Rousseau: Über Kunst und Wissenschaft. Über den Ursprung der Ungleicheit unter den Menschen. (Synoptische französisch-deutsche Ausgabe) Mit Einleitung, Übersetzung und Anmerkungen von Kurt Weigand [= Philosophische Bibliothek Bd. 243]; Hamburg [Felix Meiner] 1955, S. VII–LXX

Wuthenow, Ralph-Rainer: Die große Inversion – Jean-Jacques Rousseau im Denken Nietzsches. In: Rousseau und die Folgen [= Neue Hefte für Philosphie, hrsg. von Rüdiger Bubner, Konrad Cramer und Reiner Wiehl, Heft 29]; Göttingen [Vandenhoeck & Ruprecht] 1989, S. 60–79

6. Sonstige im Text zitierte Werke

Bellah, Robert N.: American Civil Religion in the 1970s. In: Stevenson, W. T. (ed.): A Creative Recovery of American Tradition. Some Cultural and Countercultural Issues. Anglican Theological Review Suppl. Series 1, 1973

Defoe, Daniel: Robinson Crusoe [= it 41]; Frankfurt a.M. [Insel] 1973

Dewey, John: Democracy and Education; New York [Macmillan] 1916; dt.: Demokratie und Erziehung; Braunschweig [G. Westermann] 1949

Diderot, Denis: Nachtrag zu 'Bougainvilles Reise' oder Gespräch zwischen A. und B. über die Unsitte, moralische Ideen an gewisse physische Handlungen zu knüpfen, zu denen sie nicht passen, übers. von Theodor Lücke, Nachwort von Herbert Dieckmann [= sammlung insel 4]; Frankfurt a.M. [Insel] 1965

Erikson, Erik H.: Kindheit und Gesellschaft; Stuttgart [Klett] ²1965

Gribble, David: Auf der Seite der Kinder; Weinheim und Basel [Beltz] 1991

Hammond, Phillip E.: The Rudimentary Forms of Civil Religion. In: Bellah, Robert N. / Hammond, Phillip E. (eds.): Varieties of Civil Religion; San Francisco [Harper Collins] 1981

Itard, Jean: Gutachten und Bericht über Victor von Aveyron (1801 / 1806). In: Malson, Lucien / Itard, Jean / Mannoni, Octave: Die wilden Kinder [= st 55]; Frankfurt a.M. [Suhrkamp] 1972, S. 105–220

Kant, Immanuel: Mutmaßlicher Anfang der Menschengeschichte. In: Kant, Immanuel: Werke in sechs Bänden, hrsg. von Wilhelm Weischedel; Darmstadt [Wissenschaftliche Buchgesellschaft] 1970, Bd. VI, S. 85–102

ders.: Anthropologie in pragmatischer Hinsicht. In: Kant, Immanuel: Werke in sechs Bänden, hrsg. von Wilhelm Weischedel; Darmstadt [Wissenschaftliche Buchgesellschaft] 1970, Bd. VI, S. 395–690

Locke, John: Gedanken über Erziehung, eingel., übers. und erl. von Ernst von Sallwürk; Langensalza [Beyer] 1883

Mandeville, Bernard: Die Bienenfabel [= stw 300]; Frankfurt a.M. [Suhrkamp] ²1998

Schieder, Rolf: Schule und Zivilreligion. In: Neue Sammlung, 37. Jg. (1997), H. 4, S. 623–643

Schumpeter, Joseph A.: Kapitalismus, Sozialismus und Demokratie; Bern [Francke] ²1950

Snell, Bruno: Die Entdeckung des Geistes; Hamburg [Claaßen & Goverts] 1946

Swift, Jonathan: Satiren [= sammlung insel 5]; Frankfurt a.M. [Insel] 1965

Tolstoj, Leo N.: Die Schule von Jasnaja Poljana; Westbevern [Büchse der Pandora] 1976

Wagenschein, Martin: Kinder auf dem Wege zur Physik. Mit Beiträgen von Siegfried Thiel u. a., Vorwort von Andreas Flitner; Weinheim und Basel [Beltz] 1990

Aus unserem Verlagsprogramm

Philosophie und Pädagogik

Jürgen August Alt
Das Abenteuer der Erkenntnis
Eine kleine Geschichte des Wissens
2002. 240 Seiten. Paperback
Beck'sche Reihe Band 1475

Otfried Höffe
Demokratie im Zeitalter der Globalisierung
2002. 476 Seiten. Paperback
Beck'sche Reihe Band 1459

Otfried Höffe (Hrsg.)
Lexikon der Ethik
In Zusammenarbeit mit Maximilian Forschner,
Christoph Horn und Wilhelm Vossenkuhl
6., neubearbeitete und erweiterte Auflage.
2002. 319 Seiten. Paperback
Beck'sche Reihe Band 152

Francesca Rigotti
Philosophie in der Küche
Kleine Kritik der kulinarischen Vernunft
Aus dem Italienischen von Barbara Kleiner
2002. 126 Seiten mit 8 Abbildungen. Gebunden

Arthur Schopenhauer
Die Kunst zu beleidigen
Herausgegeben von Franco Volpi
2002. 130 Seiten. Paperback
Beck'sche Reihe Band 1465

Aiga Stapf
Hochbegabte Kinder
Persönlichkeit, Entwicklung, Förderung
2003. Etwa 224 Seiten mit 4 Schaubildern. Broschiert

Verlag C.H.Beck München

Politik und Gesellschaft

Ernst-Otto Czempiel
Weltpolitik im Umbruch
Die Pax Americana, der Terrorismus und die
Zukunft der internationalen Beziehungen
2002. 229 Seiten. Paperback
Beck'sche Reihe Band 1503

Ralf Dahrendorf
Krupp-Vorlesung zu Politik und Geschichte
Band 3: Auf der Suche nach einer neuen Ordnung
Vorlesung zur Politik der Freiheit
im 21. Jahrhundert
2003. Etwa 160 Seiten. Gebunden

Alfred Grosser
Wie anders sind die Deutschen?
Aus dem Französischen von Joachim Umlauf
2002. 237 Seiten. Gebunden

Winfried Hassemer/Jan Philipp Reemtsma
Verbrechensopfer
Gesetz und Gerechtigkeit
2002. 230 Seiten. Gebunden

Vittorio Hösle
Moral und Politik
Grundlagen einer politischen Ethik
für das 21. Jahrhundert
2. Auflage. 2000. 1216 Seiten.
Broschierte Sonderausgabe

Rupert Neudeck
Die Menschenretter von Cap Anamur
2002. 315 Seiten mit 29 Abbildungen.
Gebunden

Verlag C.H.Beck München